Tamara Hinz

Der Klang Deiner Stimme

TAMARA HINZ

Der Klang Deiner Stimme

Gott und sich selbst neu begegnen – Impulse für ein Jahr

Brendow
VERLAG + MEDIEN

Bibliografische Information der Deutschen Nationalbibliothek
Die Deutsche Nationalbibliothek verzeichnet diese Publikation in der Deutschen Nationalbibliografie; detaillierte bibliografische Daten sind im Internet über http://dnb.d-nb.de abrufbar.

ISBN 978-3-86506-358-8

Die zitierten Bibeltexte wurden der Einheitsübersetzung entnommen.
Einbandgestaltung: Brendow Verlag, Moers
Titelgrafik: shutterstock
Satz: Satzstudio Winkens, Wegberg
Druck und Bindung: CPI – Clausen & Bosse, Leck
Printed in Germany

www.brendow-verlag.de

Zu diesem Buch

In diesem Buch geht es um verschiedene Themen, mit denen wir im Laufe unseres Lebens, auch unseres geistlichen Lebens, konfrontiert werden. Themen, die unseren inneren Menschen, unseren Charakter, unsere Persönlichkeit, unsere Denk- und Verhaltensmuster, die Beziehung zu unseren Mitmenschen, unsere Spiritualität und unsere Beziehung zu Gott betreffen. Bei den wenigsten geschieht die Auseinandersetzung mit einem solchen Thema auf einer rein theoretischen Ebene. Fast immer passiert etwas in unserem Leben, finden Begegnungen statt oder entstehen Situationen, die uns förmlich zwingen, uns mit einer bestimmten Frage zu beschäftigen. Hier ist die Chance, zu wachsen und geistlich zu reifen. Hier ist die Chance, konkrete Schritte zu gehen, die zu einer tief greifenden Veränderung in vertrauten Denk- und Verhaltensmustern führen.

Dieses Buch will Ihnen durch einen Bibelvers und kurze, inspirierende Gedanken helfen, sich mit »Ihrem Thema« zu beschäftigen. Dabei soll es Ihnen gerade nur so viele Impulse geben, dass in Ihnen eigene Gedanken und Ideen wachsen und Sie ermutigt sind, Ihren eigenen Weg zu finden und auch zu gehen.

Sie finden in diesem Buch 52 Themen. Sie können sich also, wenn Sie mögen, ein Jahr lang jede Woche ein anderes The-

ma heraussuchen und es bewegen. Die Anregungen (*In dieser Woche will ich ...*) sollen Ihnen helfen, kreative Denk- und Handlungsansätze für sich ganz persönlich zu finden.
Bei den weiterführenden Bibelstellen zum Thema – für jeden Tag der folgenden Woche ein Text – handelt es sich manchmal um einen größeren Textabschnitt, manchmal aber auch nur um einen Vers. Wenn es sich um eine längere Passage handelt, beispielsweise um eine Begegnung mit Jesus, lade ich Sie ein, diesen Text nicht analytisch zu lesen, sondern ihn zu erleben, sich in ihn hineinzufühlen und in die Gedanken und Gefühle der beschriebenen Personen hineinzuschlüpfen. Frauen haben an dieser Stelle ja eine große Gabe – die sollten sie auch für ihr geistliches Leben nutzen! Wenn es nur ein Vers ist, der für den Tag angegeben ist, lohnt es sich, ihn abzuschreiben und irgendwo sichtbar hinzuhängen, um ihn den ganzen Tag immer wieder vor Augen zu haben. Auf diesem Weg prägt er sich ein und begleitet Sie in die verschiedenen Situationen hinein.
Warum überhaupt Texte aus der Bibel? Ich persönlich finde die Worte der Bibel unendlich kostbar, weil sie mehr als alle anderen Worte dieser Welt das Reden Gottes enthalten. Hier stellt sich Gott vor, hier kommen mir Ideen, wie Gott über mich und über mein Leben denkt, und hier werde ich inspiriert, selbst kreativ und gewinnbringend über mein Leben nachzudenken. Hier spricht mich Gott direkt an – das allein ist schon dermaßen spannend, dass es Lust macht auf mehr. Und genau das möchte dieses Buch: Lust wecken. Lust an der Begegnung mit sich selbst, mit Gott und dem Leben, so wie es uns geschenkt und gegeben ist.
Gott begegnen, das mag in manchen Ohren nach Pflichterfüllung und angestaubten, der eigenen Realität nicht wirklich nahe kommenden Predigten und Bibeltexten klingen.

Nach frommen Idealen, die uns präsentiert werden und denen wir mit schöner Regelmäßigkeit hinterherhinken. Nach aufkeimenden, manchmal zweifelnden, rebellischen Gedanken, die aber schnell wieder abgewürgt werden, weil man oder frau als Christ so nicht denken oder fühlen sollte. Mit Lust am Leben, Lust an Gott und Lust, sich auf sich selbst und die eigenen Gedanken und Gefühle einzulassen, hat das nicht wirklich etwas zu tun. Dieses Gefühl entsteht erst da, wo ich mich selbst in meinem ganzen Sosein von Gott angenommen fühle, wo ich sein darf und Raum habe und wo kreative Freiheit zum Denken und Handeln gelebt, gefördert und eingeübt wird. Dazu möchte ich Sie ermutigen: ganz Sie selbst zu sein!
Und: Gönnen Sie sich etwas Humor. Das Leben, auch das geistliche Leben mit einem fröhlichen Augenzwinkern anzugehen hilft manchmal mehr, mit Unwirtlichkeiten fertig zu werden, als der fromm-verbissene Blick. Humor schafft Abstand und lacht dem Teufel ins Gesicht, wenn er versucht, uns in die Tiefe zu zerren.
In meinem Herzen habe ich das Bild von einem lachenden Jesus. Natürlich ist er auch ernst und wirft mir manch besorgten Blick zu, wenn ich meine Kapriolen schlage. Sein Gesicht ist manchmal schmerzverzerrt und sein Blick sehr verletzt. Aber oft lacht er auch. Steht neben mir: Fröhlich, entspannt, mit den Händen in den Hosentaschen und einem Grashalm zwischen den Zähnen grinst er mich vergnügt an. Weil wir miteinander etwas Tolles erlebt haben, weil wir Christen so schräge Vögel sind und für manchen Lacher sorgen und weil er … Lust am Leben hat. Möge seine Lebenslust Sie anstecken!

Tamara Hinz

1

Wenn Neues wächst

Denkt nicht mehr an das, was früher war; auf das, was vergangen ist, sollt ihr nicht achten. Seht her, nun mache ich etwas Neues. Schon kommt es zum Vorschein, merkt ihr es denn nicht?

JESAJA 43,18-19

Bibbernd stehe ich in der Frühlingskälte. Dicke Jacke, eiskalte Finger und eiskalte Füße. Aber ich habe beschlossen, dass heute der erste Tag im Jahr für Gartenarbeit ist. Tapfer bewaffne ich mich mit allerlei Gerätschaften, die mir nötig erscheinen, um Totes, dem Frost Anheimgefallenes abzuschneiden und das Unkraut auszurupfen, das sofort mit den ersten, wärmenden Sonnenstrahlen aufgebrochen ist. Ich jäte und hacke mir die Seele aus dem Leib, da sehe ich ein kleines, noch ganz dunkles, fast erdfarbenes Blatt aus dem Boden hervorsprossen. Winzig, kaum wahrnehmbar. Es gehört zu einer Pflanze, die ich im Herbst neu gesetzt hatte und die durch die Wintermonate hindurch gänzlich verschwunden gewesen war. Ich hatte sie schon vergessen oder war davon ausgegangen, dass der lange Frost in diesem Winter sie dahingerafft hatte. Gerade noch rechtzeitig sehe ich das Pflänzlein, bevor meine Hacke niedersaust und ihm gänzlich den Garaus macht. Just in diesem Moment fällt mir obiger Bibelvers ein. Und wie so oft wird mir eine Alltagssituation zum Lehrmeister, durch den Gott spricht.

Manchmal ist das Neue, das Gott schafft, ein Bravourstück, das plötzlich unübersehbar da ist und alles andere in den Schatten stellt. Aber oft genug ist es ein kleines, zartes Pflänzchen, das sich vorsichtig ans Licht schiebt und meines Schutzes bedarf. Wie oft reiße ich es in meinem Arbeitseifer einfach aus oder trampele es unachtsam nieder! Oder es passt mir nicht in den Kram: Meine schöne, vertraute Gartenordnung wird durcheinandergebracht. Was da wächst, ist mir zu groß, zu klein, zu unscheinbar oder zu raumgreifend.

Manchmal ist es aber auch anders. Da sehne ich mich nach dem Neuen, nach Veränderung, und finde sie nicht. Dann tippt Jesus mir auf die Schulter und flüstert mir zu: »Guck mal, da ist doch schon etwas, schau mal genau hin, erkennst du es denn nicht?« Wie immer macht er mir Mut, auch die kleinen, zögerlichen Anfänge zu achten …

In dieser Woche will ich gut aufmerken, ob etwas Neues in mir wächst. Das mögen ein ganz neuer, fremder Gedanke, ein mir bis dahin unbekanntes Gefühl oder noch nie da gewesene Wünsche oder Sehnsüchte sein. Wenn ich mir noch nicht sicher bin, ob dieses Neue von Gott in mein Leben hineingelegt wurde oder sich vielleicht doch als Unkraut entpuppt, will ich es dennoch achtsam behandeln und nicht mit Füßen treten. Auch nicht mit frommen Füßen. Erst einmal darf es sein. Erst einmal darf ich es angstfrei wahrnehmen. Darf es beobachten, darf es wachsen lassen. Ohne es direkt als »gut« oder »schlecht« zu bewerten. Irgendwann wird der Tag kommen, an dem ich klarer sehe – möglicherweise werde ich dann auch manches behutsam entfernen müssen.

In dieser Woche will ich das Neue, das von Gott kommt, nähren und schützen. Womit könnte ich es nähren? Welche Menschen, welche Bücher, welche Bilder, welche Musik könnten ihm Nahrung geben? Vor wem muss ich es schützen? Wer würde dieses Neue vielleicht mit Stumpf und Stiel ausrotten, weil es ihm zu bedrohlich erscheint? Was tut diesem neuen Pflänzchen gut, was schadet ihm? Ich will es mit liebevoller Aufmerksamkeit beobachten.

Zum Thema **Wenn Neues wächst** finde ich in der Bibel folgende Texte: Jesaja 42,5-9; Jeremia 4,3; Matthäus 9,16-17; Matthäus 13,24-30; Markus 4,1-20; Apostelgeschichte 10,9-23; Epheser 4,22-24.

2

Füreinander einstehen

Einer trage des anderen Last,
so werdet ihr das Gesetz Christi erfüllen.

GALATER 6,2

Heute feiern wir in der Gemeinde Abendmahl. Wir stellen uns in kleinen Gruppen zusammen und teilen unter uns das Brot und den Wein. Leise Musik läuft im Hintergrund und untermalt das feine Gemurmel – Worte der Ermutigung und Verheißungen, die wir uns gegenseitig zusprechen. Selten empfinde ich die Gemeinschaft und unsere Zusammengehörigkeit so stark wie beim Abendmahl. Bei aller Unterschiedlichkeit stehen wir füreinander ein, gehören zusammen, sind ein Leib. Als ich mich umsehe, bleibt mein Blick an einer Frau hängen, die sich nicht zu einem dieser Kreise gestellt hat, sondern an ihrem Platz sitzen geblieben ist. Ich weiß auch, warum. Sie lebt, wie man in frommen Kreisen zu sagen pflegt, in Sünde. Leidet selbst daran, kämpft, kann nicht loslassen. Hinkt auf beiden Seiten und geht daran kaputt. Will vertrauen und schafft es nicht. Weiß, dass die Wege, die sie geht, nicht gut sind, aber verlässt sie trotzdem nicht. Deshalb ist sie sitzen geblieben und nicht zum Abendmahl gekommen. Mit versteinertem Gesicht und Tränen in den Augen sitzt sie da. Ausgeschlossen, allein, ohne Worte der Ermutigung und der Verheißung. Mir zerreißt es schier das Herz. Wenn jemand hier in diesem Raum ein Stück von Jesus braucht, dann sie. Ohne weiter zu überlegen, nehme ich das größte Stück Brot, das ich finden kann, vom Teller und reiße es entzwei. Während alle anderen in tiefer Andacht versunken sind oder fröhlich ihr Brot vor sich hinmümmeln, husche ich schnell zu ihr hinüber, reiche ihr das Stück Brot und flüstere ihr zu: »Hier, ich geb dir was von meinem Brot ab – das reicht für uns beide.« Kurz nehme ich sie in den Arm, genauso kurz wiege ich sie einen Moment hin und her, bevor ich wieder auf meinen Platz zurückkehre.

Wenn sie schon der Vergebung nicht glauben kann, dann soll sie meinen Glauben an die Vergebung haben. Wenn sie schon die Freiheit im Moment nicht ergreifen kann, dann soll sie meine Freiheit haben. Wenn sie schon nicht vertrauen kann, dann gebe ich ihr von meinem Vertrauen ab. Wenn sie im Moment nicht die Kraft zu Gehorsam und Konsequenz findet, dann soll Jesus eben meinen Gehorsam nehmen.

Ich gebe ihr, was sie nicht hat, und hoffe, dass es für uns beide reicht. Für einen Moment bleibe ich andächtig und mit gesenkten Augen stehen. Dann wage ich aber doch einen vorsichtigen Blick in Richtung Jesus. Er sieht etwas verwirrt aus (kein Wunder, das Ganze ging ja auch so was von schnell), dann guckt er etwas ungläubig, und um seine Mundwinkel beginnt es verräterisch zu zucken. Ich glaube, wenn wir jetzt nicht im Gottesdienst wären, würden wir beide in schallendes Gelächter ausbrechen …

In dieser Woche will ich darauf achten, ob es Menschen in meinem Umfeld und in meiner Gemeinschaft gibt, die ich mit meinem Glauben und mit meinem Gebet unterstützen kann. Ich will ihnen abgeben von dem, was ich empfangen habe, und ihnen zur Verfügung stellen, was sie im Moment nicht zur Verfügung haben. Vielleicht hilft ihnen das über eine Durststrecke hinweg.

Vielleicht bin ich aber im Moment auch selbst der Bedürftige, der von jemand anders in der Gemeinschaft mitversorgt werden muss. Dann will ich Scheu und Scham ablegen, mich mitteilen und dankbar annehmen, dass jemand anders seinen Glauben und seine Beziehung zu Jesus mit mir teilt und sich schützend vor mich stellt. So lange, bis ich wieder auf eigenen Füßen stehen kann.

Zum Thema **Füreinander einstehen** finde ich in der Bibel folgende Texte: 2. Mose 17,8-13; Psalm 133; Sprüche 17,17; Römer 15,1-3; 2. Korinther 8,13-14; Galater 6,2; Hebräer 13,16.

3

Gebet

Wenn ihr betet, sollt ihr nicht plappern wie die Heiden, die meinen, sie werden nur erhört, wenn sie viele Worte machen. Macht es nicht wie sie, denn euer Vater weiß, was ihr braucht, noch ehe ihr bittet.

MATTHÄUS 6,7-8

Du vollkommene, schützende Macht im Himmel, bergend, sorgend, Dich kümmernd, stark. Du bist für mich besonders, kostbar und einzigartig. Ich wünsche mir, dass all das Gute, Vollkommene und Heilbringende von Dir sich umsetzt und verwirklicht in meinem Leben und in meinem Umfeld. Bei Dir und in Deinem Reich ist es schon da. Hier bei mir möchte ich noch manches wachsen sehen.

Ich bin bedürftig und abhängig von Dir. Ich lebe hier in dieser Welt und brauche manches zum Überleben, zum Wachsen und um guter Dinge zu sein. Bitte versorge mich mit dem Nötigen und darüber hinaus mit allem, was ich ganz persönlich zum Leben brauche.

Zu diesem Leben gehört es, dass ich schuldig werde. An mir selbst, an anderen, an Dir. Ich bin nicht perfekt, sondern habe und mache Fehler. Bitte entschuldige mich. So tue ich es bei meinen Kindern, wenn sie Fehler machen und versagen. Immer wieder aufs Neue verzeihe ich ihnen – weil ich sie liebe. Diese Liebe ist ein kleines, zartes Abbild Deiner

Liebe zu mir. Wie viel größer und umfassender ist Deine Liebe und Bereitschaft, mir zu vergeben!
Undenkbar für mich, dass Du mich in Situationen bringst, die mir zum Fallstrick werden könnten. Undenkbar, dass Du mich in eine Lage bringst, in der ich Gefahr laufe, Deine Hand loszulassen. Stattdessen möchte ich von Dir erwarten, dass Du alle unerlösten Anteile in mir, alles, was noch unfrei, gebunden und verkrustet ist, mit Deiner heilenden und Leben spendenden Hand berührst und freisetzt.
Das alles ist Dir möglich, weil alles Dir gehört, alle Überwinderfähigkeit von Dir kommt und Du ein einzigartiger, vollkommener Herrscher bist.

In dieser Woche will ich die Worte des »Vaterunser« meditieren. Ich will die einzelnen Aspekte dieses Gebetes in mir hin und her wenden, sie mit eigenen Worten, Gedanken und Gefühlen füllen und diese in mein Leben mit hineinnehmen.
Diese Woche will ich meine Gebetszeit sehr schlicht halten. Ja, vielleicht ist für mich sogar ein »Wörterfasten« dran, weil ich mir angewöhnt habe, meine Gedanken endlos lange vor Jesus auszubreiten. In meiner Stillen Zeit bin ich abgedriftet in ein ständiges Kreisen um die Probleme meines Lebens in Form von Beten, Beten und nochmals Beten. So ist die Gebetszeit keine Quelle mehr, die mich nährt und aus der ich Kraft gewinne, sondern zum Aderlass geworden, der mir noch meine letzten Reserven nimmt.
Vielleicht schreibe ich am Anfang der Woche meine Kümmernisse auf, lege sie in einen Umschlag und schiebe sie Jesus kurz rüber, wenn ich mit ihm zusammen bin. Und dann bekenne ich nur noch: »Dein ist das Reich, die Kraft und die Herrlichkeit, in Ewigkeit.« Dann könnte ich noch ein schönes Musikstück hören oder ein schönes Bild betrachten, um der Größe Gottes in meinem Herzen ein Bild und einen Klang zu geben. Mit dem Bild im Herzen

und dem Klang der Ewigkeit im Ohr mache ich mich dann an mein Tagwerk.

Zum Thema **Gebet** finde ich in der Bibel folgende Texte: 2. Mose 14,13-14; Psalm 131; Prediger 5,1; Matthäus 7,7-11; Römer 8,26; Philipper 4,6; Jakobus 5,16-18.

4

Jesus in seiner Passion nahe sein

Die Wächter trieben ihren Spott mit Jesus. Sie schlugen ihn, verhüllten ihm das Gesicht und fragten ihn: Wer hat dich so geschlagen?

LUKAS 22,63-64

Heute beginnt die Karwoche. Ich mag es immer gern, wenn einzelne Gegenstände ein Geschehen oder ein Thema, um das es gerade geht, greifbar machen. Deshalb bin ich heute weit vor dem Gottesdienstbeginn da und suche für den Altarraum einen purpurroten Samtstoff hervor, eine Dornenkrone und Palmenzweige. Bewaffnet mit diesen Utensilien, betrete ich den Gottesdienstraum. Unterwegs umarme ich zur Begrüßung herzlich eine Frau aus der Gemeinde, die ebenfalls schon sehr zeitig gekommen ist. Leider habe ich bei dieser innigen Umarmung vergessen, dass ich eine Dornenkrone in der Hand halte, und ramme sie ihr mit voller Wucht in den Rücken. Peinlich, peinlich …

Nun stehe ich vorne, drapiere den Samtstoff und die Palmenzweige und möchte die Dornenkrone am Kreuz anbringen. Bei uns haben wir schon alle möglichen Dinge am Kreuz angebracht. Das ist ohne Weiteres möglich, denn unser Kreuz ist ziemlich hässlich und vom Material her wertlos. Zusammengehauen aus zwei klobigen, rissigen Holzbalken, die an manchen Stellen rostige Male von alten Nägeln tragen, ist es nicht gerade ein Schmuckstück. Aber wir wollen es so. Denn was damals passierte an diesem Kreuz, war ja

auch nicht gerade ein Glanzstück menschlichen Erfindungsreichtums. So hässlich wie unser Kreuz, so hässlich war das Ereignis, zu dessen Symbol das Kreuz später wurde.
Ich halte Hammer und Nagel in der Hand und will diesen Nagel in das Kreuz schlagen, um die Dornenkrone zu befestigen. Aber ich kann nicht. Keine zehn Pferde werden mich dazu kriegen, diesen Nagel jetzt in das Kreuz zu schlagen. Ich will an dieser miesen Aktion nicht beteiligt sein. Niemals, niemals würde ich einem Menschen so etwas antun. Ich kann Menschen nicht verstehen, die andere quälen und zu Tode foltern. Ich *kann* das nicht verstehen und *will* das nicht verstehen. Ich lasse Hammer und Nagel sinken und schau mich um. Neben mir sehe ich Maria, die Mutter von Jesus, und noch einige andere Frauen, die ihn immer begleitet haben. Auch sie stehen fassungslos vor diesem Geschehen. Können die Brutalität und Gemeinheit dieses Ereignisses nicht begreifen. Sie haben Jesus genährt, haben ihn umsorgt, ihm Geborgenheit und – soweit es bei seiner Lebensweise möglich war – ein Zuhause geboten. Sie haben mit ihm gelacht, ihn bewundert, mit ihm geweint und waren für ihn da, wenn er sich nach stundenlangen Fußmärschen und noch längeren Predigten ermattet auf den Boden plumpsen ließ. Und jetzt sind sie auch bei ihm. Können nicht helfen, aber wenigstens da sein. Halten diese letzten Stunden mit ihm aus, sind ihm nah. Laufen nicht weg, wenden sich nicht ab. Welch eine Freude für Jesus!

In dieser Woche will ich einfach nur bei Jesus bleiben. Ich werde dabei sein, wenn er in Jerusalem einzieht, werde sein Königsein proklamieren und ihm mein schönstes Gewand zu Füßen legen. Ich will mit ihm ein letztes Mal essen und mir von ihm die Füße waschen lassen. Vielleicht gelingt es mir, im Garten Gethsemane nicht einzuschlafen, sondern bei Jesus auszuharren. Beobachtend, wartend. Dann werde ich mit ihm den Weg nach Golgatha gehen. Ich werde nicht weglaufen, sondern bleiben – so wie die anderen Frauen. In dieser Woche will ich einfach nur bei ihm sein.

Zum Thema **Jesus in seiner Passion nahe sein** finde ich in der Bibel folgende Texte: Psalm 63,1-9; Hohelied 1,4; Hohelied 8,6-7; Jesaja 53; Lukas 10,38-42; Johannes 12,1-8; Johannes 18-19.

5

Den Auferstehungssieg feiern

Fürchte dich nicht! Ich bin der Erste und der Letzte und der Lebendige.
Ich war tot, doch nun lebe ich in alle Ewigkeit!

OFFENBARUNG 1,17B-18A

In einer Zeitschrift fand ich das Bild eines Malers, das ein Porträt des nachösterlichen Christus darstellt, mit dem Titel: Der lachende Jesus. Ich liebe dieses Bild, weil es die überschäumende Lebens- und Daseinslust des Auferstandenen widerspiegelt und eine einzige Demonstration des Sieges vom Leben über den Tod ist. Ostern lachen wir dem Teufel ins Gesicht. Ostern feiern und bekennen wir den Sieg des Lebens über alle Dunkelheit, alles Zerstörerische, Zwielichtige und Niedermachende in uns und um uns herum. Ostern ist ein aufständisches Fußaufstampfen, ein wildes Trotzdem, ein staunendes Wer-hätte-das-gedacht und ein jubilierendes Ich-hab's-doch–schon-immer-gewusst. Ostern ist der Beweis dafür, dass alles möglich ist und dass es das Happy End wirklich gibt. In der Kälte und Dunkelheit der Osternacht erhebt der Zerschlagene und der Verzagte, der Entmutigte und Kraftlose zögernd den Kopf und sucht den Horizont nach den ersten Zeichen eines neuen Tages ab. Irgendwann wird das Schwarz der Nacht zum Grau der Dämmerung, und die Vögel stimmen noch in der Dunkelheit ihr erstes, zaghaftes Lied an. Dann verfärbt sich der Horizont, und das erste Licht des neuen Tages bricht sich Bahn. Die vermeintlich Besiegten, die

Verlierer, die Gedemütigten, die, die keine Hoffnung mehr hatten, springen auf und stimmen ein wildes Siegesgeheul an. Mit Tränen in den Augen liegen sie sich in den Armen, boxen in die Luft, starten groteske Tänzchen, stoßen sich gegenseitig kumpelhaft in die Seite, können ihr Glück noch gar nicht fassen. Dann fassen sie sich an den Händen, bilden eine lange Kette, eine starke Front, und rufen der schwindenden Nacht hinterher: »Der Herr ist auferstanden – er ist wahrhaftig auferstanden.« Das Gelächter, welches dann folgt, empfängt den neuen Tag, ist ein Bekenntnis zum Leben, zum Sieg und zu Ihm, der es (wer-hätte-das-gedacht-aber-ich-hab's-eigentlich-schon-immer-gewusst) tatsächlich geschafft hat!

In dieser Woche will ich in besonderer Weise den Auferstehungssieg Jesu feiern. Über allem Dunklen und Ungelösten, was es auch in meinem Leben gibt, will ich bekennen: »Der Herr ist auferstanden, er ist wahrhaftig auferstanden!« Ob ich es spüre oder nicht, ob ich im Moment etwas von diesem Sieg in meinem Leben sehe und erlebe oder nicht – ich werde mir diesen Satz nicht entreißen lassen und ihn immer wieder laut und vernehmlich vor der sichtbaren und der unsichtbaren Welt ausrufen. In dieser Woche werde ich der Gelassenheit Raum geben, die aus dem Wissen um den Sieg Jesu erwächst. Das, was da noch in mir und in meinem Leben an Zerstörerischem tobt, kämpft und sich breitmachen will, betreibt nur noch Schattenboxen, einen verlorenen Kampf, und ist längst besiegt. In dieser Woche werde ich meinen eigenen, oft so zermürbenden und überdies nutzlosen Kampf niederlegen, mich in die Frühlingssonne setzen und mich von den ersten Strahlen wärmen lassen, einen riesigen Strauß Osterglocken in mein Zimmer holen und dem Feind eine fröhliche Grimasse schneiden.

Zum Thema **Den Auferstehungssieg feiern** finde ich in der Bibel folgende Texte: Psalm 24,7-10; Psalm 118,15-17; Johannes 11,25-27; Johannes 20, 1-18; 1. Korinther 15,54-58; 2. Korinther 2,14; Offenbarung 1,12-18.

6

Reifer und befreiter Glaube

Du aber bleibe bei dem, was du gelernt und wovon du dich überzeugt hast.

2.TIMOTHEUS 3,14

Dieser Bibelvers macht mich richtig ärgerlich! Ich kann auch genau sagen, warum. Ich bin froh und dankbar, dass ich so manches Gelernte hinter mir lassen und abstreifen konnte. In meiner geistlichen Biografie gibt es einiges, was mir mehr Schaden zugefügt hat, als dass es mir geholfen hätte. Mir mehr Enge als Weite, mehr Angst als Freiheit, mehr Düsternis als Lebensfreude beschert hat. Aus diesen unguten Prägungen habe ich mich unter viel Tränen und Kämpfen, mit viel Hinfallen und wieder Aufstehen, mit ganz viel Zweifeln, Fragen und Schuldgefühlen hervorgekämpft – was da entstanden ist, ist überaus kostbar, fühlt sich jesusnah und grundrichtig an. Wenn mir Menschen begegnen, die mich mit frommen Sprüchen und biblischen Richtigkeiten wieder in das »Alte« zurückzwingen wollen, stellen sich mir die Nackenhaare auf. Ich *will* nicht bei dem bleiben, was ich gelernt habe, will Entwicklung, Veränderung und neue, Leben spendende Impulse. Ich mache Paulus eine lange Nase und klappe meine Bibel erst einmal zu.

Nur um sie gleich wieder aufzuklappen, denn mir fällt ein, dass der Vers ja noch nicht zu Ende ist: *»... und wovon du dich überzeugt hast«,* steht da noch. Heißt doch: Ich kann, darf und muss mich von der Richtigkeit des Gelernten selbst über-

zeugen. Das Gelernte und die eigene Überzeugung müssen zusammenkommen und passen. Da darf nichts auseinanderklaffen. Wenn ich das Gelernte ohne diese Selbstüberzeugungsarbeit übernehme, es aber nie zu meinem Eigenen geworden ist, dann wird mein Glaube entweder eine leblose Hülle, eine Farce, oder es kommt zu einer Abspaltung in meiner Person. Ich lebe und vertrete dann etwas, was mir ganz tief drinnen im wahrsten Sinne des Wortes nicht passt, gegen das ich mich innerlich sogar sträube. Diese Abspaltung macht auf Dauer krank. Seelisch und geistlich. Lasse ich andererseits das Gelernte völlig außer Acht, stehe ich vielleicht in der Gefahr, das Kind mit dem Bade auszuschütten oder mir selbst großen Schmerz zuzufügen, weil ich mich gegen einen Teil von mir wende. Denn das Gelernte ist ja von mir verinnerlicht – reiße ich es plötzlich mit Gewalt heraus, tue ich mir selbst sehr weh und kann die Leere, die mich dann erfasst, wahrscheinlich gar nicht aushalten.
Nachdem meine erste Rebellion, mein erster Ärger verraucht ist, muss ich eingestehen: Auch in meiner geistlichen Biografie gibt es Dinge, die mein Leben positiv geprägt haben. Es gibt »Lehrsätze«, die man mir beigebracht hat und die ich dann nach mehrmaligem Drehen und Wenden zu meinen eigenen gemacht habe. Da, wo dieser Prozess durchlaufen ist, kann ich durchaus für vieles danken. Anderes hat mich dagegen nicht überzeugt, vielleicht wird es irgendwann einmal geschehen – im Moment lege ich es erst einmal als zu mir nicht passend beiseite. Das tue ich mutig und behutsam zugleich.

In dieser Woche will ich mir die Zeit nehmen, meinen »geistlichen Kleiderschrank« zu entrümpeln. Da liegt so manches Schätzchen in der hintersten Ecke – das wird von mir sowieso nicht mehr getra-

gen und könnte eigentlich aussortiert werden. Es ist zu groß, zu klein oder einfach vom Stil her völlig unpassend geworden. Von diesen Teilen will ich mich mutig trennen, um Platz zu schaffen für Neues. Anderes hängt da, von dem ich mir einfach noch nicht sicher bin, ob ich es vielleicht doch noch tragen will – wenn ich diese Stücke einfach wegschmeiße, könnte ich es später bereuen. Solange ich nicht wirklich überzeugt bin, dass ich mich trennen will, sollen und dürfen sie bleiben. Und dann sind da noch die Lieblingsstücke von guter Qualität, immer wieder gern getragen und absolut passend zu mir. Ich weiß: Sie kleiden mich hervorragend, bringen meine Vorzüge zur vollen Geltung und sind das ultimative Aushängeschild für den Designer. An ihnen will ich mich besonders freuen und ihnen einen bevorzugten Platz einräumen. Es gibt allerdings auch Dinge, die finde ich nicht besonders schön, zu ihnen fühle ich mich auch nicht sonderlich hingezogen. Aber sie müssen einfach in meinem Schrank bleiben, weil sie nützlich, praktisch und, wenn es hart auf hart kommt, unverzichtbar sind. Es wäre dumm, den ganzen Kleiderschrank ausschließlich unter dem Wohlfühlaspekt zu bestücken.

Zum Thema **Reifer und befreiter Glaube** finde ich in der Bibel folgende Texte: Jesaja 48,17; 1. Korinther 13,9-12; 2. Korinther 3,17-18; Galater 5,1.13; Epheser 4,14-15; Philipper 1,6.9-11; Philipper 3,12-16.

7

Den Himmel im Herzen

Dann freut sich das Mädchen beim Reigentanz, Jung und Alt sind fröhlich. Ich verwandle ihre Trauer in Jubel, tröste und erfreue sie nach ihrem Kummer.

JEREMIA 31,13

Ich war heute in *Rock the ballet*, einer grandiosen Tanzvorstellung. Nicht gerade ein Reigentanz, aber kraftstrotzender, vitaler, pulsierender Tanz. Lebendig, sprühend und rundherum lebensbejahend. Immer, wenn ich so etwas absolut Perfektes sehe, muss ich an den Himmel denken. Wenn es hier schon solche Fähigkeiten, solche Leidenschaft, solche Schönheit und Ästhetik gibt, wie wird es dann erst im Himmel sein?

In der Offenbarung entfacht Johannes ein wahres Feuerwerk an glanzvollen Beschreibungen, um dieses Kaleidoskop göttlicher Prachtentfaltung im Himmel darzustellen. Licht, wohin das Auge reicht. Edelsteine, Glas, Gold – alles nur vom Feinsten. Ausblick auf das Unsichtbare. Helligkeit, Weite, Raum zum Atmen, Klarheit, Daseinslust, Zeit ohne Ende, Leben satt.

Inmitten all dieser Pracht der König. Stark, väterlich tröstend, zugewandt, aufmerksam, liebevoll, lachend. Ihm werden wir in absoluter Verbundenheit und ergebener Treue frei von Ressentiments dienen.

Früher habe ich mir dieses Dienen als eine recht langweilige Geschichte mit endlosem Gesang und dauerndem, nervtötendem Harfenspiel vorgestellt. Mich auf ewig in den Engelchor einzureihen schien mir mehr Strafe als Verlockung zu sein. Aber ich glaube, dass viele Christen in ihrer Vorstellung vom Himmel an dieser Stelle auch nicht viel mehr zu bieten haben. Es erscheint aber nicht besonders verlockend, »eine Ewigkeit in der Ewigkeit rumzuhängen«, geschweige denn, dass diese Aussicht uns als Vision zum Ansporn für unseren Alltag dienen könnte.

Heute glaube ich, dass unsere Gaben, mit denen wir Gott in diesem vollendeten Reich dienen, potenziert zur Entfaltung kommen und wir in der Blüte unserer Schaffenskraft sein werden. Wir werden mit unseren Fähigkeiten, die jetzt schon in uns angelegt sind, in Vollendung für Gott da sein, ohne dabei von Minderwertigkeitsgefühlen, Neid, Missgunst oder dem Wunsch, andere übertrumpfen zu wollen, beeinträchtigt zu sein. Unsere Persönlichkeit wird sich zu ihrer ganzen Schönheit und Reife entwickeln, und unser ganzes Sein wird Gott, uns selbst und anderen Freude machen.

Leben in der Ewigkeit? Ein Leben voller Daseinslust, rundherum perfekt. Ein Zusammenspiel multitalentierter Leute, die sich von Herzen lieben, miteinander leben und endlich mit dem vereint sind, von dem sie ja schon immer wussten, dass er da ist.

Diese Woche soll meine Ewigkeitswoche werden. Ich will Momenten mit Ewigkeitscharakter besondere Aufmerksamkeit schenken. Eine klare Sternennacht, ein Sonnenuntergang, eine wunderschöne Blume, eine intime Zärtlichkeit, ein vertrauensvolles Gespräch bei einem Glas Wein, eine besondere Fähigkeit, die mein Staunen hervorruft – alles Vorboten, die Jesus mir schickt, damit ich den Himmel nicht vergesse. Ich will all meine Fantasie nutzen, um mir Ewigkeitsmomente vorzustellen. Geborgenheit, Trost, Liebe, Glück – diesen Worten will ich Bilder geben und sie dann meiner Seele schenken, damit sie sie mir zurückgibt, wenn ich einsam oder verzweifelt bin. Vor dem Hintergrund der Ewigkeit will ich durch diese Woche gehen mit der Frage: »Wie wichtig ist das Ganze?« Dinge, die mir Ärger und Verdruss bereiten, die mir meine Gelassenheit rauben und mir schlaflose Nächte bereiten – wie bewerte ich sie mit diesem Bild des Himmels in meinem Herzen, welches dort abgelichtet ist?

Zum Thema **Den Himmel im Herzen** finde ich in der Bibel folgende Texte: Hiob 19,25-27; Jesaja 25,6-8; Jesaja 33,17-24; Jesaja 35,1-10; Matthäus 6,19-21.33-34; 2. Korinther 4,16-18; Offenbarung 21 bis 22,5.

8

Gott mit allen Sinnen lieben

Und David tanzte mit ganzer Hingabe vor dem Herrn her.

2. SAMUEL 6,14A

In unserer Gegend ist die Nacht zum 1. Mai die Nacht der Verliebten und die Nacht des Werbens. Ist man in dieser Nacht zufällig unterwegs, trifft man Scharen von Jugendlichen, die in mehr oder weniger großen Grüppchen auf Fahrrädern von Dorf zu Dorf ziehen, bewaffnet mit Maibäumen und riesigen, mit Papierrosen verzierten Herzen, um selbige an Haus oder Dach der/des Angebeteten anzubringen. Strikt nach Männlein und Weiblein getrennt, fahren Freunde zusammen die Häuser sämtlicher begehrter Weiblichkeit im Umfeld von 20 Kilometern ab und Freundinnen die der Männlichkeit. Um sich warm zu halten und die Strapazen solch einer Tour zu überstehen, wird dabei nicht gerade wenig Alkohol getrunken. Ein Umstand, der dafür sorgt, dass so manch einer beim Eintreffen am ersehnten Ziel nicht mehr ganz sicher auf den Beinen ist. Das wäre aber durchaus von Vorteil, denn nun gilt es, Baum oder Herz am Haus und möglichst nah am Fenster der/des Liebsten anzubringen. Die meisten Mädchen machen es sich leicht und hängen ihr Herz einfach an die Tür. Den Jungs ist das natürlich viel zu einfach und einfallslos. Wie liebeskranke Kater streichen sie ums Haus und suchen nach dem besten Weg, das Haus zu erklimmen. Ihr männlicher Ehrgeiz treibt

sie zu abenteuerlichen Klettertouren hinauf an Regenrinnen und auf Dächer, was bei besagtem Alkoholkonsum für Zuschauer zur Zitterpartie mutiert. Letztere gibt es aber kaum, da alle Normalsterblichen und Nicht-mehr-oder-noch-nicht-Verliebten längst schlafen und von dem regen Treiben über ihren Köpfen nichts mitbekommen. Registriert man als beunruhigtes Elternteil doch einmal etwas von den nächtlichen Aktivitäten, vernimmt man kratzende Geräusche und Tritte auf dem Dach, hört man Tuscheln, Raunen und höchst männliches Gekicher, sollte man sich dennoch ruhig verhalten. Ein plötzliches Aufreißen des Fensters, ein Einschalten des Flutlichtes könnte zu einem jähen Absturz von Maibaum und Jüngling führen. Das wäre gar nicht gut.
Bricht die Morgendämmerung an, sind Herzen und Maibäume an ihrem Platz und alle Flaschen geleert, sinkt die Jugend ermattet in den Tiefschlaf.
Ich jedoch finde am frühen Morgen unser Haus lieblich verziert wie ein Märchenschloss vor (was beileibe nicht an mir, sondern an meinen reizenden Heranwachsenden liegt) und freue mich an dieser außerplanmäßigen Dekoration sehr. Zeigt es mir doch, dass hier Menschen ihrer Liebe kreativ Ausdruck verliehen haben und dabei weder an Einsatz, Mühen noch Ideen gespart haben. Ihre Liebe hat sie beflügelt, etwas Originelles hervorzubringen und schöpferisch tätig zu werden. Und: Sie hatten jede Menge Spaß dabei!

In dieser Woche will ich all meine kreativen Energien nutzen, um Gott meine Liebe zu zeigen. Ich könnte ihm ein großartiges Bild malen, einen Brief schreiben oder ein Musikstück einüben, das ich ihm in meinem schönsten Abendkleid vortrage. Ich könnte ihm in meinem Garten eine besondere Ecke widmen und in dieses Beet eine ganz besondere Pflanze setzen. Ich könnte ihm eine riesige Torte backen oder ein hervorragendes Menü kochen, welches ich mit meinen besten Freunden verspeise. Einen Platz würde ich dann frei lassen, besonders schön decken und dekorieren – für meinen Ehrengast. Ich könnte einen Rekord laufen oder für ihn einen Berg erklimmen. Könnte einen neuen Tanz einüben, den Gottesdienstraum in ein Blumenmeer verwandeln, könnte Lachsalven abschießen oder ergriffene Tränen weinen. Oder … ich könnte einen Maibaum setzen!

Zum Thema **Gott mit allen Sinnen lieben** finde ich in der Bibel folgende Texte: Hohelied 8,6-7; Matthäus 22,34-40; Lukas 7,36-50; Lukas 10,38-42; 1. Korinther 13,1-8.13; 1. Johannes 5,3; 1. Johannes 4,16-19.

9

Grenzen setzen

Denn er hat die Riegel deiner Tore festgemacht …
er verschafft deinen Grenzen Frieden.

PSALM 147,13.14A

Ich habe lange Zeit große Schwierigkeiten damit gehabt, Grenzen zu setzen und einen Riegel vor die Ansprüche anderer an mich zu schieben. Christsein bedeutete für mich in erster Linie Nachgiebigkeit, sich ducken und alles hinnehmen. Irgendwann bin ich aber an diesem schrägen Lebenskonzept krank geworden – meine Seele hat einfach gestreikt. Die »nette Frau« wollte und konnte einfach nicht mehr funktionieren. Damit begann ein langer, mühevoller, aber absolut lohnender Veränderungsprozess.

Der christliche Glaube schien aber mein schräges Denken geradezu zu fördern und zu unterstützen. Heißt es nicht in der Bibel, wir sollen den anderen höher achten als uns selbst? Steht da nicht, dass wir selbstlos sein, einander dienen und für andere da sein sollen? Daran habe ich lange Zeit zu knacken gehabt. Ich wusste: Ich will mich verändern und will die ungesunden, krank machenden Tendenzen aus meinem Leben rausschmeißen. Aber ich war nicht bereit und willens, meinen Glauben und meine Beziehung zu Gott über Bord zu werfen – dafür waren sie mir zu wichtig. Dafür war zwischen Gott und mir zu viel passiert, zu viel gewachsen. Ich wusste, Gott ist real und Jesus, der Sohn Gottes, lebt. Diesen Glauben konnte und wollte ich nicht aus meinem Leben ausquartieren. Aber es passte einfach nicht, dass dieser Jesus, der die Liebe Gottes in Person war, der Menschen heil gemacht und vorgelebt hat, wie ein gutes, gesundes Menschsein aussehen kann, dass dieser Jesus irgendetwas bei mir hervorruft, was verbogen oder krank macht. Und so habe ich mir sein Reden und Handeln noch einmal genau angesehen. Und zwar unter der Fragestellung: Wie brav, wie angepasst, wie lieb, wie grenzenlos nett waren dieser Jesus und seine Leute eigentlich? Dabei fiel mir auf: Ich hatte ein komplett falsches Bild im Kopf! Ich bin selten einem Menschen begegnet, der so geradlinig, so klar, so aufrecht, so völlig unabhängig von Menschen und ihren Meinungen war wie dieser Jesus. Er hatte eine innere Souveränität, über die ich nur staunen konnte. Und da, wo er Opfer wurde, nämlich am Kreuz, geschah das nicht, weil er sich dazu gezwungen fühlte und weil ihm nichts anderes übrig blieb, sondern weil er bewusst diese Entscheidung getroffen hatte. Ganz klar. Ganz geradlinig. Ganz aufrecht. Diese innere Souveränität, diese große innere Freiheit, das zu tun, was er für richtig hielt, entwickelte sich bei ihm aus einer ganz engen Verbindung zum Vater, aus einer ganz großen Abhängigkeit von ihm. Das ist ein Paradox, welches auch für unser Leben gilt: Je enger wir an Gott dran sind, je abhängiger wir von ihm sind – desto freier sind wir, die Menschen zu sein, die wir sein können und sein sollten. Frei, aufrecht, geradlinig. Ich habe lange gebraucht, bis ich dieses Paradox kapiert habe. Aber bei diesem Jesus habe ich gelernt, wie es denn gehen kann, ganz für andere da zu sein und trotzdem bei sich selbst zu bleiben. Sich ganz zu verschenken und sich trotzdem nicht zu verlieren. Liebe zu geben und trotzdem Grenzen zu ziehen. Den anderen wahrzunehmen und auf seine Bedürfnisse einzugehen und trotzdem gut für sich selbst zu sorgen und sich nicht zu vernachlässigen. Ich habe gelernt: Geistlichsein ist nicht identisch mit Angepasstsein. Im Gegenteil: Hinter dem Angepasstsein verstecken sich oft Angst vor Menschen, fehlender Mut und ein Mangel an Vertrauen – und das ist alles andere als geistlich.

In dieser Woche will ich in besonderer Weise auf die Stellen in meinem Leben achten, die nicht gesichert sind, wo der Feind immer wieder einbricht und Mauern nicht hinreichend befestigt sind, sodass andere sie immer wieder niederrennen. Dabei werde ich im Besonderen auf wütende oder depressive Gefühle achten, denn sie sind mir ein guter Indikator dafür, dass ich mich in der Begegnung mit bestimmten Menschen oder Situationen nicht ausreichend abgegrenzt und zur Wehr gesetzt habe, sodass ich einfach »über den Tisch gezogen« werden konnte. Ich will mir die Mühe machen zu überprüfen, ob dieses angepasste Verhalten wirklich geistlicher Natur ist oder ob es nicht eher meiner Prägung und Angst entspringt, andere könnten »böse« mit mir sein oder mich nicht mehr lieb haben, wenn ich ihnen Grenzen setze. Wenn ich diese Ängste und ungesunden Prägungen in mir entdecke, will ich mich mutig auf einen Veränderungsprozess einlassen. Denn ich will freier und stärker werden und mich in meiner Persönlichkeit immer mehr zu dem Menschen hin entwickeln, den Jesus in mir sieht, und nicht nur ein Zerrbild fremder Erwartungen sein. Ich werde diesen Weg auch gegen den Widerstand der Leute gehen, die mich in meiner alten Rolle festhalten wollen, weil es für sie so angenehmer und bequemer ist. Ich will mir viel Zeit nehmen, mir das Reden und Verhalten von Jesus anzusehen – denn wer könnte ein besseres Vorbild für meinen Veränderungsprozess sein als er?

Zum Thema **Grenzen setzen** finde ich in der Bibel folgende Texte: Jesaja 26,1-4; Matthäus 7,6; Matthäus 10,5-15; Matthäus 21,12-27; Markus 10, 17-24; Lukas 9,57-62; Epheser 6,10.

10

Gottes Willen für mein Leben erkennen

Dieses Gebot, auf dass ich dich heute verpflichte, geht nicht über deine Kraft und ist nicht fern von dir. Nein, das Wort ist ganz nah bei dir, es ist in deinem Mund und in deinem Herzen, du kannst es halten.

5. MOSE 30,11.14

Immer wieder treffe ich auf Christen, die ständig von der Frage umgetrieben werden, ob das, was sie tun, denken und fühlen, denn dem Willen Gottes entspricht. Das Grundgefühl, nicht »richtig« zu sein, steckt ihnen in den Knochen, und die unausrottbare Überzeugung, dass ihre ureigensten Gedanken, Impulse und Empfindungen nicht zu dem passen, was Gott im Sinn hat, lässt sie nicht los. Aber schon zur Zeit des Alten Testaments sagt Gott seinem Volk zu, dass er sein Wort in sie hineinlegt, sodass sie es verinnerlichen und in sich tragen können. Ferner sagt er ihnen zu, dass das Erkennen und Halten seines Wortes kein unüberwindbarer geistlicher Kraftakt ist, sondern recht leicht, natürlich und unkompliziert von der Hand geht.
Wie viel mehr gilt diese Zusage den Menschen des Neuen Testamentes, denen zugesagt ist, dass Christus in ihnen lebt und der Heilige Geist über sie ausgegossen ist, ja sogar Wohnung in ihnen genommen hat!
Seit Christus in mir wohnt, wird das Eigene mehr und mehr vom Göttlichen durchdrungen. Das ist eine Zusage, der ich vertrauen kann und will. Wenn Gedanken, Gefühle, und Im-

pulse mich in eine bestimmte Richtung weisen, wenn mir bestimmte Menschen oder Situationen Unbehagen bereiten, wenn ich mich am liebsten sofort und voller Freude in eine Arbeit stürzen würde – dann will ich voller Zuversicht darauf vertrauen, dass der Heilige Geist in mir denkt, fühlt und mir den Weg weist. Ich will mich nicht länger misstrauisch gegen mich selbst wenden, denn damit misstraue ich Christus in mir. Vielmehr will ich daran glauben, dass all das Gute, Kraftvolle und Leben Spendende, was von Christus ausgeht, bereits Raum genommen hat in mir und sich mehr und mehr in mir ausbreitet.

In dieser Woche will ich gut auf Impulse, Gedanken und Gefühle achten, die aus meinem Innern kommen. Der zufällige Gedanke, das unliebsame Gefühl, der irritierende Impuls – sie alle will ich achten und wertschätzen und mit liebender Aufmerksamkeit bewegen. Vielleicht werde ich darin das Wort Gottes an mich gerichtet entdecken. Ich will mir neu zusprechen lassen, dass Christus in mir lebt, der Heilige Geist sich in mir bewegt und an dieses Gute in mir glauben. Gott liegt nicht im Kampf mit mir und meinem Innern, sondern hat mein Selbst durch Christus mit sich versöhnt. In dieser Gewissheit will ich mutig die Schritte gehen, die mir im Gebet, beim Bibellesen, im Nachdenken und im Gespräch mit anderen für meine persönliche Situation klar werden.

Zum Thema **Gottes Willen für mein Leben erkennen** finde ich in der Bibel folgende Texte: Psalm 32,8-9; Sprüche 4,11-12.18; Jesaja 45,19; Jesaja 48,17-18; Hesekiel 36,26-27; Johannes 14,16-17.26-27; Galater 2,19-20.

11

Mit Alter und Behinderung umgehen

Aus dem Mund der Unmündigen und Säuglinge schaffst du dir Lob, deinen Gegnern zum Trotz; deine Feinde und Widersacher müssen verstummen.

PSALM 8,3

Ich habe heute mit meinem Mann eine alte Frau aus unserer Gemeinde besucht, die hochgradig dement ist. Ereignisse aus den verschiedenen Jahrzehnten ihres Lebens werden von ihr fröhlich durcheinandergewürfelt und zu einer neuen, äußerst abenteuerlichen Geschichte zusammengesetzt. Kaum ein Satz wird zu Ende gebracht, und manchmal kommen nur noch völlig zusammenhanglose Wortfetzen aus ihrem Mund. Das Ganze wird begleitet von sehr lebendigen, weit aufgerissenen Augen, einem kritischen Stirnrunzeln oder einem verschmitzten Lächeln. Jeder zweite Satz beginnt mit: »Ja, das ist wirklich köstlich …«, oder: »Aber was ich noch sagen wollte …«. Was sie mir noch unbedingt sagen wollte, werde ich wohl nie erfahren, denn es bleibt im undurchdringlichen Wirrwarr ihrer konfusen Gedankengänge hängen. Manchmal gleitet ein dunkler Schatten über ihr Gesicht, weil eine schmerzhafte Erinnerung oder ein schreckliches Erlebnis aus ihrer Kindheit aus der Tiefe aufsteigt, um kurz darauf wieder im gnädigen Nichts zu verschwinden. Nachdem ich mich vom ersten Schock erholt und meine Unbeholfenheit überwunden habe, stelle ich mich auf eine völlig neue Gesprächsform ein – und harmoniere damit bestens mit meinem Gegenüber. Ich korrigiere sie nicht, versuche nicht, sie zu überzeugen, dass das Gesagte gar nicht stimmen kann, sondern werfe fröhlich, von keinerlei Kenntnis getrübte Sätze ein wie: »Na, so was …«, oder: »Da kann man mal sehen«, oder: »Das ist doch klasse …«. Ich lächle zurück, wenn wieder etwas überaus köstlich war, und wiege bedenklich mein Haupt, wenn ihre unverständlichen Sätze von einem kritischen Stirnrunzeln begleitet sind. Ist sie beunruhigt oder macht sie sich Sorgen, weil finstere Erinnerungen nach ihr greifen, sage ich: »Keine Sorge, Gott wird sich ganz sicher darum kümmern.« Ich finde, das ist ein Satz, der immer stimmt und dieses ganze Durcheinander von Vergangenheit, Gegenwart und Zukunft souverän durchdringt. Schließlich hat Gott mit der Zeit sowieso nicht so viel am Hut. Am Ende unserer Besuchszeit schlägt mein Mann vor, noch ein paar Lieder aus dem Gesangbuch miteinander zu singen. Jetzt wird es spannend. Bei den Worten hapert es tatsächlich. Jesus bekommt heute eine recht eigenwillige und absolut individuelle Zusammenstellung von Worten zum Lob seiner Herrlichkeit zu hören. Die Worte aus dem Gesangbuch sind es jedenfalls nicht. Aber das scheint ihn in keinster Weise zu stören. Die Melodien beherrscht die alte Dame dagegen aus dem Effeff. Bei manchen Liedern singt sie sogar absolut sicher die Altstimme mit. Etwas zittrig, aber dennoch klar. Ich bin mir sicher, dass dieses Lob direkt im Herzen Jesu landet und ein Lächeln auf sein Gesicht zaubert. Denn er hat noch nie viel Wert auf Lippenbekenntnisse gelegt, sondern das wahrgenommen, was in unseren Herzen lebt!

In dieser Woche will ich schwierigen oder belastenden Situationen mit Humor, Fröhlichkeit und Kreativität zu Leibe rücken und ihnen damit etwas von ihrer Schwere nehmen. Darüber hinaus will ich ein besonderes Augenmerk auf die »Unmündigen« in meinem Umfeld richten. Die kleinen Kinder, die Behinderten, Menschen mit psychischen Defekten oder in ihrem Geist verwirrte. Sie alle »funktionieren« nicht nach den Regeln und Maßstäben unserer modernen Gesellschaft, haben aber einen besonderen Platz im Herzen Gottes und stehen unter seinem besonderen Schutz. Ihre Begegnung mit Gott und ihre Liebe zu ihm sind oft echter, ungetrübter und unmittelbarer, und ihre Bereitschaft, ihn als Gott anzuerkennen und sich von ihm beschenken zu lassen, ist größer und selbstverständlicher. Diese Gedanken mögen mir helfen in durchwachten Nächten mit einem unruhigem Säugling, im Zusammenleben mit einem anstrengenden Behinderten oder mit alten Eltern, die verwirrt und vergesslich geworden sind. Ich will mich von Jesus mit der gleichen Wertschätzung beschenken lassen, die er selbst für diese Menschen empfindet, und dann entdecken, was ich von ihnen für mein geistliches Leben lernen kann.

Zum Thema **Mit Alter und Behinderung umgehen** finde ich in der Bibel folgende Texte: 3. Mose 19,32; Prediger 12,1-7; Jesaja 46,4; Matthäus 25, 31-40; Römer 15,1-2; 1. Korinther 1,26-31; 2. Korinther 4,7.

12
Vollkommen sein

Ihr sollt also vollkommen sein,
wie es auch euer himmlischer Vater ist.

MATTHÄUS 5,48

Dieser Bibelvers hat mich lange Zeit ungeheuer in Stress versetzt. Das lag daran, dass er in meinen Ohren sehr hart und fordernd klang und ich ihn in erster Linie moralisch verstanden habe: Du sollst perfekt und fehlerlos sein und darfst dir nicht den kleinsten Ausrutscher leisten. Ich bin der Überzeugung, dass das Leben mit solch einem überhöhten Anspruch auf Dauer sehr anstrengend ist und die Seele krank werden lässt. Denn unterm Strich, am Ende eines Tages, am Ende einer Woche, am Ende eines Lebens *kann* immer nur herauskommen: »Ich habe es nicht geschafft! Sechs, setzen! Ziel nicht erreicht! Ich habe den Erwartungen nicht genügt! Versagt!«
Über solch ein vernichtendes Urteil über das eigene Leben kann man eigentlich nur verzweifeln. Wenn da nicht die Gnade wäre. Wenn da nicht das Wissen wäre, dass wir es nicht schaffen müssen, weil Jesus es für uns geschafft hat. Wenn da nicht die Erkenntnis wäre: Genau zu dieser Einsicht eigenen Unvermögens will Jesus uns führen, damit wir uns ganz und vollständig in seine Arme fallen lassen und beginnen, ausschließlich von seiner Gnade zu leben. Gott sieht uns bereits als Vollkommene, weil er uns durch Jesus hindurch sieht!
Abgesehen von diesem wichtigen Gedanken vom Leben aus

der Gnade verstehe ich den zitierten Bibelvers heute nicht mehr moralisch, sondern ästhetisch. Wenn ich in der Natur bin und ihre Schönheit mein Herz bewegt, wenn ich ein völlig harmonisches Musikstück höre, ein wunderbares Kunstwerk betrachte oder ein Mensch über eine Fähigkeit verfügt, die weit über das Normalmaß hinausgeht, denke ich häufig: So etwas Schönes und Vollkommenes habe ich noch nie gesehen. Ich sehe die Pfingstrose in meinem Garten, deren Knospen sich gerade zu wunderschönen Blüten öffnen, und denke: Diese Blüte ist einfach vollkommen. Dieses »vollkommen« hat nichts zu tun mit einem erhobenen Zeigefinger oder einem moralischen Appell, sondern bezeichnet den Zustand von vollendeter Schönheit, Ganzheit und makelloser Pracht. Heil und unversehrt. Das Wort »vollkommen« in diesem Sinne gebraucht, weckt Sehnsucht in mir und lässt mich den oben zitierten Bibelvers anders und besser verstehen. Gott ist vollkommene Schönheit und Liebe. Bei Gott ist das vollkommene Heil, und es gibt nichts, was ihn beeinträchtigt, einschränkt oder begrenzt. In diese Vollkommenheit möchte Gott auch uns immer weiter hineinführen, möchte, dass wir immer heiler und unversehrter werden.

Meine Pfingstrose lehrt mich, dass ihre Vollkommenheit nicht in Anstrengung und Leistung wurzelt, sondern in der Abhängigkeit von ihrem Schöpfer, der sie mit wärmenden Sonnenstrahlen und erfrischendem Nass versorgt. Sie ist einfach nur da und setzt sich dieser Fürsorge aus. Sie lehrt mich auch, dass die Formung und Entwicklung dieser vollkommenen Schönheit Zeit braucht. Bis die prallen Knospen endlich aufspringen, vergehen Tage, sogar Wochen. Auch bei uns darf und muss manches wachsen. Darf entstehen. Bis es dann zur vollen Schönheit erblüht ist. Das ist Gottes Ziel und Plan für unser Leben. Das ist sein: »Du sollst.« Kein forderndes, erwartendes »Du sollst«, sondern ein »Du sollst« im Sinne eines Zuspruchs, einer Absicht, eines innigen Wunsches, einer Überschrift über unser Leben und einer Leben schaffenden Verheißung: »Du sollst eine wunderschöne, vollkommene, heile Frau sein!«

In dieser Woche will ich mich besonders an der Schönheit und Vollkommenheit meines himmlischen Vaters freuen. Bei ihm ist nur Licht – da gibt es nicht den kleinsten Schatten, der eine Hässlichkeit oder einen Makel verbergen müsste. Ich will mich daran freuen, dass es Gottes Herzensanliegen ist, auch in mein Leben mehr und mehr von diesem göttlichen Glanz hineinzulegen. All das, was noch schief und krumm ist in mir, alles Unheile, alle Wunden und Verletzungen, alles, was durch die Sünde in meinem Leben noch in der Dunkelheit liegt und dort sein Unwesen treibt – all das soll in seiner Gegenwart verwandelt werden, damit mein Leben zur vollkommenen Schönheit erblüht. In dieser Woche will ich Gottes Zuspruch und seine Leben schaffende Verheißung, sein »Du sollst …«, ganz persönlich hören.

Zum Thema **Vollkommen sein** finde ich in der Bibel folgende Texte: Psalm 145; Jesaja 61,10-11; Jesaja 62,1-5; Römer 7,18 bis 8,1; Epheser 1,3-14; Epheser 4,13; Kolosser 1,22-23.

13

Jesus begegnet Menschen

Da sagte er zu ihnen:
Kommt her, folgt mir nach!

MATTHÄUS 4,19A

Dieser Satz stammt aus der Berufung der ersten Jünger Simon und Andreas in die Nachfolge Jesu. Wie hören wir diesen Satz? Welche Klangfarbe hat er? Wie stellen wir uns Jesus vor, wie sieht er aus, welche Körperhaltung hat er, und welche Gestik begleitet seine Worte, während er diesen Satz sagt? Manch einer stellt sich an dieser Stelle Jesus als einen herrischen Despoten vor, der mit kurzen, abgehackten Sätzen seine zukünftigen Untergebenen heranpfeift. Ich habe in meinem Kopf ein anderes Bild von dieser Szene.

Jesus hat eine lange und entbehrliche Zeit der Einsamkeit in der Wüste hinter sich, eine Zeit, in der seine Beziehung zu Gott aufs Härteste auf die Probe gestellt wurde. Erst kürzlich hat er das ganze Drama um seinen geistlichen Weggefährten, Johannes, mitbekommen und ist von diesem Geschehen zutiefst erschüttert. Nun ist für ihn der Startschuss gefallen für seinen ganz eigenen Auftritt auf der Weltbühne, ein Auftritt, der die Welt verändern wird. Dieser Jesus sucht nun zu allererst nach Menschen, die ihn begleiten, sucht Beziehungen. Er sucht diese Menschen als Herr, der treue Nachfolger beruft. Aber er sucht sie auch und vor allem als Mensch, der andere Menschen braucht. Nicht zuerst als seine Diener, nicht als seine Handlanger, sondern als Gegenüber, als Freunde, die ihm zärtliche Nähe, Geborgenheit und Vertrauen schenken und denen er in gleicher Weise begegnen will.

Ich sehe Jesus, wie er am frühen Morgen am See mit dieser tiefen Sehnsucht nach Freundschaft und Beziehung im Herzen entlangschlendert. Sein Blick fällt auf zwei Männer, die mit Fischen beschäftigt sind. Es sind gewöhnliche Männer, bei ihrer ganz gewöhnlichen, alltäglichen Arbeit mit ihren Netzen. Fasziniert beobachtet er das Spiel ihrer Muskeln, während sie die von Fischen schweren Netze aus dem Wasser ziehen. Und er denkt: Was die da tagaus, tagein machen, ist meinem eigenen Auftrag, Menschen für das Reich Gottes »einzufangen«, gar nicht so unähnlich. Er bewundert ihre Kraft, freut sich an der Ausdauer, mit der sie ihre Arbeit verrichten, und spürt: Mit diesen Qualitäten könnten sie mir bei meiner Arbeit behilflich sein. Solche Freunde bräuchte ich, die mit anpacken und sich vor harter Arbeit nicht scheuen.

Er vernimmt die Bemerkungen, die sie sich einander zurufen, hört voller Sehnsucht die Vertrautheit, die darin liegt, und muss schmunzeln über den einen oder anderen derben Scherz, der zwischen ihnen hin- und herfliegt. Echt sind sie, die beiden Männer, natürlich und ungekünstelt, und Humor scheinen sie auch zu haben. Nicht so bierernst und knochentrocken, weltfremd und vergeistigt wie manche der Frommen, die er inzwischen auch schon getroffen hat. Diese Fischer faszinieren ihn, er möchte sie näher kennenlernen und sie für seine Sache begeistern. Und so kommt er mit ihnen ins Gespräch. Die beiden sind einer kleinen Pause bei ihrer Arbeit und einem kurzen Schwatz nicht abgeneigt.

Und wie das manchmal auf wundersame Weise geschieht: Binnen Minuten ist zwischen diesen drei Männern auf unerklärliche Weise ein starkes Band geknüpft. Man versteht

sich und ist von tiefer Zuneigung zueinander erfasst. Bei den zwei Fischern ist da allerdings noch etwas anderes, etwas Größeres und Unerklärliches. Sie spüren in der Begegnung mit diesem Jesus etwas von Einmaligkeit, von einer einzigartigen Chance. So als würde gerade etwas ganz und gar Unwirkliches geschehen. So als … säße Gott bei ihnen auf dem sonnendurchwärmten Mäuerchen!
Als Jesus schließlich aufsteht, seine Kleidung glatt streicht und sie auffordert, mit ihm zu gehen, ist es für Außenstehende mehr als verwunderlich, dass sie dieser Aufforderung ohne Zögern nachkommen. Für die beiden Fischer aber hat sich in den letzten Minuten etwas abgespielt, was sie nicht erklären können und was gleichzeitig doch alles erklärt: tiefste Zuneigung, echte Beziehung, Begegnung von Herz zu Herz, von Mensch zu Mensch, von Mensch zu Gott.

In dieser Woche will ich Bibeltexte aus den Evangelien einmal mit anderen Augen lesen. Ich könnte Jesus eine andere Stimme geben, einen anderen Tonfall, eine veränderte Gestik. Manches hat Jesus vielleicht ganz anders gesagt, als ich es bisher dachte und man mir beigebracht hat. Ernster, fröhlicher, zorniger, trauriger oder mit sehr viel mehr Nähe als von mir erwartet. Ich könnte meine Fantasie nutzen und nur spärlich skizzierte Szenen oder Dialoge aus der Bibel mit Leben füllen. Vielleicht erschließt sich mir dadurch ein altbekannter Text ganz neu, weil ich Seiten an Jesus entdecke, die mir bis dahin gänzlich fremd waren. Vielleicht bereitet mir das Bibellesen wieder mehr Freude, weil es zu einer spannenden Entdeckungsreise wird. Ich will dabei im Kopf behalten, dass es Jesus in erster Linie immer um Beziehung und um Freundschaft ging. Er selbst brauchte und suchte Freunde. Sein Leben und seine Verkündigung war nie nur ein Verbreiten von theologischen Richtigkeiten, sondern er lebte in der Beziehung mit anderen. Deswegen will auch ich mich immer wieder nach Freundschaft ausstrecken und echte Begegnung mit anderen Menschen suchen. Ich brauche sie!

Zum Thema **Jesus begegnet Menschen** finde ich in der Bibel folgende Texte: Markus 2,13-17; Lukas 7,36-50; Lukas 15,11-32; Lukas 19,1-10; Johannes 11,1-44; Johannes 12,1-8; Johannes 15,12-15.

14

Mutig über den Glauben sprechen

Wohin ich dich auch sende, dahin sollst du gehen, und was ich dir auftrage, das sollst du verkünden. Fürchte dich nicht, denn ich bin mit dir um dich zu retten – Spruch des Herrn.

JEREMIA 1,7-8

Neulich saß ich mit ein paar Frauen zusammen, von denen eine über eine sehr belastende Situation am Arbeitsplatz berichtete. Es ging um einen schwierigen Kollegen, über den sie sich unendlich aufregte. Die meisten fielen in ihr empörtes Geschimpfe mit ein, konnten wir uns doch alle gut in ihren Ärger einfühlen. Nur eine etwas ältere Frau, souverän und forsch im Auftreten, meinte, wir würden uns mit unserem Ärger nur selbst das Leben vergällen. Es sei ungeheuer wichtig, positiv zu denken, um damit positive Energien und Schwingungen zu aktivieren. Was sie dann mit großer Überzeugungskraft verkündete, klang recht abenteuerlich. Es gebe eine Lehre des positiven Denkens, die uns von jeder Form des Ärgers, der Sorge oder des Verdrusses befreien könne. Es führt an dieser Stelle zu weit, die Einzelheiten dieser Lehre zu erläutern. Es reicht zu sagen, dass diese aus der Esoterik kommende Ideologie weitaus radikaler ist als die christlichen Aussagen zum Thema »Feindesliebe« und »dem anderen Gutes tun«. Jesus nimmt sich mit seinem »Segnet eure Feinde und segnet, die euch fluchen« daneben wie ein Waisenknabe aus. Aber das Erstaunliche war: Die kollektive Weiblichkeit hing an den Lippen der Dame und lauschte gebannt ihren Worten. Keiner machte sich lustig, keiner beäugte diese ältere Frau als »komischen Vogel« oder kicherte hinter vorgehaltener Hand. »Probieren Sie's mal«, strahlte die ältere Frau die jüngere voller Enthusiasmus und Überzeugungskraft an, »sie werden sehen, es funktioniert wirklich.« Willig nickte die Angesprochene und versprach, das Ganze zumindest einmal auszuprobieren. Wir redeten noch ein bisschen weiter über diese Situation, bis wir uns wieder anderen Gesprächsthemen und Tätigkeiten zuwandten.

Warum nur meine ich immer, meine christliche Überzeugung sei unpassend, komisch und würde nur Lacher oder verächtliches Hinterm-Rücken-Tuscheln hervorrufen? Es gibt so viele Ansichten, Glaubensüberzeugungen und Lehrmeinungen, die wesentlich kurioser klingen – die Menschen sind aber durchaus bereit, darüber nachzudenken und sich damit auseinanderzusetzen. Sind offen, wollen hören und nehmen Vorschläge, wie sich ihr Leben zum Guten verändern könnte, dankbar an. Warum sollten sie auf das, was ich sage, anders reagieren?

Möglicherweise existiert in meinem Kopf ein nicht immer passendes Feindbild von der »bösen Welt«, von Menschen, die mich alle wegen meines Glaubens verhöhnen und verspotten. Christen erleben immer wieder solche Situationen. Das lässt sich nicht vermeiden. Aber sie erleben auch, dass sie geachtet, geschätzt und gerne gehört werden. Christus in ihnen strahlt etwas aus, an dem sich andere Menschen gerne wärmen. Ich will mich nicht länger durch Befürchtungen selbst blockieren, Ängste schüren und Mauern bauen, sondern mit froher Erwartung in die Begegnung mit Menschen gehen, die Jesus nicht kennen.

In dieser Woche will ich in aller Freiheit zu meinen Überzeugungen stehen. Dabei geht es um Überzeugungen allgemeiner Art, aber auch und vor allem um Überzeugungen, die mit meiner Beziehung zu Jesus zu tun haben. Wenn ich mich an dieser Stelle unfrei und verkrampft fühle, will ich mir die Zeit nehmen, den Ursachen und Gründen auf die Spur zu kommen. Vielleicht muss ich überprüfen, ob die »frommen Überzeugungen«, die ich da vertrete oder meine vertreten zu müssen, wirklich meine ganz eigenen sind. Wenn diese Ansichten nicht wirklich meine eigenen sind, ist es kein Wunder, dass ich solche Schwierigkeiten habe, sie zu vertreten. Ich will an dieser Stelle ehrlich sein und nicht unter fremder Flagge segeln. Aber das, was ich wirklich zutiefst glaube, das, was untrennbar zu mir gehört, das will ich mit hoch erhobenem Haupt vertreten. Ich bin eine Frau, die das Recht hat, eine eigene Meinung zu vertreten, wie jeder andere auch. Ich will daran denken, dass Christus in mir lebt und ich voller Stolz seine Repräsentantin sein darf. Die Menschen um mich herum werden die Kraft, die von mir ausgeht, spüren.

Zum Thema **Mutig über den Glauben sprechen** finde ich in der Bibel folgende Texte: Jesaja 51,12-16; Matthäus 10,16-33; Apostelgeschichte 1,8; Apostelgeschichte 2,37-47; Apostelgeschichte 8,26-40; Römer 1,13-17; 2. Timotheus 1,7-8a.

15

So spreche ich über den Glauben

Unverkennbar seid ihr ein Brief Christi,
… geschrieben nicht mit Tinte, sondern mit dem Geist des lebendigen Gottes,
… in Herzen von Fleisch.

2. KORINTHER 3

Meine Nachbarin fragt mich, ob ich Lust habe, abends mit ihr wegzugehen. Ich bin für eine kleine Auszeit ganz dankbar, und so sitzen wir stundenlang in einem verräucherten Café und reden. Kommen in tiefe Gespräche über Persönlichkeitsstrukturen, schwierige Prägungen aus der Kindheit, mütterliche Gefühle, über das Lieben und das Gefühl, nicht geliebt zu sein. Ich kann sie so gut verstehen und fühle mich ebenso verstanden. Kurz bevor wir gehen müssen, steigt aus dem hintersten Eckchen meiner verräucherten Gehirnwindungen der verzweifelte Gedanke auf, jetzt, gerade in diesem Zusammenhang, doch noch etwas von Jesus sagen zu müssen. Ich bemühe mich, noch irgendwie die Kurve zu kriegen – da ist die Situation schon vorbei. In dem Moment, wo ich versuche, noch schnell meinen missionarischen Ausfallschritt zu machen, fühle ich mich auf einmal fremd und unwohl in meiner Haut. Vorher, da war ich authentisch, das war ich: gerne und gut zuhören können, mich und meine Gedanken und Gefühle mitteilen, von schwierigen Zeiten in meinem Leben sprechen und merken, wie wohl es dem anderen tut, wenn jemand hinter seine tolle Fassade gucken lässt. Echte menschliche Nähe durch Offenheit, Ehrlichkeit und Anteilnahme entstehen lassen. Alles andere, das ganze »christliche Zeug«, empfinde ich als aufgesetzt, bin ich nicht. Und außerdem, was hätte ich schon sagen können? Habe ich nicht trotz meines Christseins oft das Gefühl, nicht auszureichen und wertlos zu sein? Klingen nicht Aussagen wie: »Gott kann unseren Liebestank auffüllen« aus meinem Mund wie Hohn und Spott?

In meine Traurigkeit darüber, dass ich wohl zum »Zeugnisgeben« nicht tauge, fällt der anfangs zitierte Bibelvers. *Unverkennbar seid ihr ein Brief Christi.* In seiner ganzen Fehler- und Mangelhaftigkeit und trotz mancher Unleserlichkeit bleibt dieser Brief immer noch unverkennbar ein Brief von höchster Instanz, der seinen Adressaten erreichen wird. Menschen, die diesen Brief lesen, werden sagen: »Typisch Jesus. Das ganze Schriftbild, der Satzbau, der Inhalt – so schreibt nur Jesus.« Und deswegen darf ich bei Jesus und in seinem Dienst authentisch sein und muss nicht frommes Theater spielen. Ich muss in diesen Brief keine extrafrommen Sätze hineinschmuggeln, die gar nicht passen. Der Brief an meine Nachbarin hätte ungefähr diesen Wortlaut haben können: »Ich habe mit meinem Selbstwertgefühl auch immer wieder Schwierigkeiten. Ich fühle mich oft ungenügend und meine, nicht liebenswert zu sein. Aber ich glaube, dass Gott mir immer wieder versucht zu sagen, dass ich wertvoll und von ihm geliebt bin. Manchmal erreichen mich seine Worte, oft aber auch nicht, und für eine durchschlagende Veränderung reicht es noch lange nicht. Aber ich glaube, dass ich bei ihm mit meiner Suche an der richtigen Adresse bin.« Ich darf auch im Umgang mit Nichtchristen Fragender und Suchender bleiben und brauche Gott und sein Handeln nicht zu verteidigen. Ich darf Bettler sein, der einem anderen Bettler zeigt, wo es Brot gibt, selbst wenn er selbst noch nicht satt geworden ist. Mehr bin ich nicht, aber mehr brauche ich auch nicht zu sein. Jesus redet durch mich, wie es zu mir passt. Ein Brief Christi – gesendet an einen anderen Menschen, der diesen und keinen anderen Brief erhalten soll.

In dieser Woche will ich darüber nachdenken, ob meine Schwierigkeiten in Sachen »Zeugnisgeben« damit zusammenhängen, dass ich eine zu mir passende Sprache noch nicht gefunden habe. Man hat mir beigebracht, wie ein Christ von seinem Glauben erzählen soll und wie er sich im Umgang mit Nichtchristen zu verhalten hat. Möglicherweise merke ich aber: Diese Art fühlt sich fremd an oder passt gar nicht zu meinem Temperament und meiner sonstigen Art, mit Menschen zu kommunizieren. Ich glaube aber, dass Gott mich einzigartig geschaffen hat und dass er diese Individualität nutzt, um auf ganz einzigartige Weise durch mich zu reden. In dieser Woche will ich überlegen, welche Sprache zu mir passt. Vielleicht bin ich mehr der stille Typ, der anderen gut zuhören kann – dann will ich diese Gabe in den Dienst Christi stellen. Große Reden werde ich wohl nicht schwingen. Vielleicht bin ich der fröhliche, unkomplizierte Typ – dann kann ich manches humorvoll und witzig erzählen. Die ernsten, tief gehenden Diskussionen können von mir aus andere führen. Vielleicht bin ich der kritische Typ – dann darf ich manche fromme Absonderlichkeit benennen und auch vor Nichtchristen meine Zweifel und Fragen aussprechen. Ich muss keine Verteidigungsreden führen, das können andere deutlich besser. Ich will mir bewusst sein, dass ich Teil eines Leibes bin und nicht alles können muss, sondern nur meine, in mich hineingelegte Einmaligkeit leben brauche. Andere werden mich mit ihren Fähigkeiten ergänzen.

Zum Thema **So spreche ich über den Glauben** finde ich in der Bibel folgende Texte: Psalm 19,15; Matthäus 5,14-16; Römer 12,3-8; 1. Korinther 3,5-10; 1. Korinther 12,12-20; Kolosser 4,5-6; 1. Petrus 4,10-11.

16

Ein fröhliches Herz

Ein fröhliches Herz macht das Gesicht heiter,
Kummer im Herzen bedrückt das Gemüt.

SPRÜCHE 15,13

Es klingelt an der Tür. Eigentlich habe ich jetzt gar keine Lust auf einen Besuch. Gerade noch hatte ich ein äußerst schwieriges und belastendes Gespräch mit einem meiner Kinder. Ich mache mir Sorgen, bin voller Ängste und ratlos. Dennoch öffne ich die Tür. Vor mir steht ein netter Herr mittleren Alters, den ich sogleich als Vertreter irgendeiner Firma identifiziere. Die Mappe unterm Arm und das gekünstelte, fröhlich-freundliche »Guten Tag Frau Hinz, ich bin der Herr sowieso, entschuldigen Sie die Störung …«, verraten ihn direkt. Ich bekomme sofort einen Knoten im Bauch. Ich hasse Vertreterbesuche, weil ich freundlichen Menschen so schlecht widerstehen und so schlecht NEIN sagen kann. Nachdem solch ein netter Mensch gegangen ist, bin ich im Besitz höchst überflüssiger Putzlappen oder Briefkarten, die so hässlich sind, dass sie die nächsten zehn Jahre im hintersten Eckchen irgendeiner Schublade verschwinden.

»… ist bei Ihnen noch alles in Ordnung oder fehlt Ihnen etwas?«, unterbricht er meine abschweifenden Gedanken. Ehrlich gesagt weiß ich überhaupt nicht, wovon der gute Mann spricht. Ich war so damit beschäftigt, meine Abwehrmechanismen auf Trab zu bringen, dass ich ihm gar nicht richtig zugehört habe. Was soll denn bei mir nicht in Ordnung sein? Sehe ich wirklich so gestört oder hilfsbedürftig aus? Er interpretiert meinen fragenden Blick richtig und schiebt strahlend hinterher: »Sind alle Geräte unserer Firma bei Ihnen noch in Ordnung?« Ah, daher weht der Wind! Ich durchforste in Gedanken meinen gesamten Haushalt. Wenn ich's recht überlege … »Ich besitze gar keine Geräte Ihrer Firma«, bekenne ich reumütig. »Nicht?«, fragt er bestürzt.

Das blanke Entsetzen ist ihm ins Gesicht geschrieben. Dass eine Frau mittleren Alters bis jetzt ihr Dasein ohne ein Produkt seiner Firma gefristet hat, treibt ihm die Schweißperlen auf die Stirn. Er überlegt nur einen kurzen Moment, dann hat er offensichtlich beschlossen, diesem unhaltbaren Zustand sofort und auf der Stelle ein Ende zu bereiten. Er fixiert mich entschlossen und sagt mit fester Stimme, die keinen Widerspruch duldet: »Ich zeige ihnen erst einmal meinen kleinen Kobold!« Ich schaue ihn entgeistert an. Er will mir was zeigen? Das ist ja jetzt so was von dreist. Ich will seinen Kobold nicht sehen. Egal, ob der groß oder klein ist, er soll seinen Kobold lassen, wo er hingehört! Aber der Vertreter lässt sich nicht beirren – im Gegenteil, er ist jetzt richtig in Fahrt gekommen. Lüstern schielt er an mir vorbei auf den Teppich in meinem Flur und sagt: »Ich könnte mit meinem kleinen Kobold …« – »Nein«, unterbreche ich ihn entschlossen, »nicht mit Ihrem Kobold. Und nicht in meinem Haus.« Das fehlt noch, dass der jetzt seinen kleinen Kobold rausholt. Und auf meinem Teppich … Undenkbar! »Aber mein kleiner Kobold kann …«, startet er einen neuerlichen Versuch. Ich blicke ihm nun meinerseits fest in die Augen und sage sehr betont: »ICH WILL IHREN KLEINEN KOBOLD NICHT SEHEN!«

Beleidigt und frustriert hebt der Herr seine Mappen wieder auf, die er zwecks Koboldaktivierung auf dem Boden abgelegt hatte. Er ringt sich noch mühsam ein halbwegs freundliches »Na, da kann man dann wohl nichts machen. Ich wünsch ihnen trotzdem noch einen schönen Tag, auf Wiedersehen« ab und verschwindet um die Hausecke. Ich sinke erleichtert auf dem Stuhl zusammen. Na, dem und seinem Kobold hab ich's aber gezeigt! Die Vertreter werden auch immer dreister.
Fünf Minuten später kommt mein Mann nach Hause. Beim Begrüßungskuss halte ich ihn an der Jacke fest, schaue ihm tief in die Augen, bevor ich mit rauchiger Stimme frage: »Zeigst du mir heute noch deinen kleinen Kobold?« Er schaut mich entgeistert an – dann brechen wir beide in haltloses Gekicher aus.
Für einen kurzen Augenblick machen sich Lachen und Freude breit und verscheuchen die dunklen Sorgenwolken …

In dieser Woche will ich nach Momenten Ausschau halten, mit denen Jesus mir zu einem fröhlichen Herz verhelfen will. Das können sehr »geistliche« Momente sein, Zeiten, in denen er mir durch das Wort Gottes, eine Predigt oder eine intensive Lobpreiszeit begegnet. Durch das spürbare Erleben seiner Gegenwart verlieren beängstigend wirkende Situationen ihre Bedrohung, Sorgenberge werden kleiner und mein verzagtes Herz fasst wieder Mut. Aber auch die ganz alltäglichen, gewöhnlichen und nicht besonders geistlich wirkenden Momente will ich dankbar aus seiner Hand annehmen in der Gewissheit, dass er mir Freude machen und meine gedrückte Stimmung erhellen will. Vielleicht finde ich eine Karte mit einem witzigen Spruch, die ich an meine Pinwand hängen kann, vielleicht habe ich die Möglichkeit, mit einem tapsigen Welpen zu spielen, vielleicht kann ein Saunabesuch oder ein Sonnenbad meine Spannung etwas lösen. Vielleicht könnte ich mich mit Freunden zum Spielen treffen, einen lustigen Film ansehen oder mit einer Freundin kichernd in der Umkleidekabine eines Geschäftes verrückte Sachen anprobieren. Und vielleicht kommt ja auch ein netter Herr vorbei, der mir unbedingt seinen kleinen Kobold zeigen will …

Zum Thema **Ein fröhliches Herz** finde ich in der Bibel folgende Texte: Psalm 5,12-13; Psalm 90,14; Psalm 104,14-15; Psalm 118,15-17.24; Sprüche 15,15; Prediger 8,15 und 11,8; Philipper 4,4-7.

17

Meine Lebensziele

Denkt daran: Wer da kärglich sät, der wird auch kärglich ernten; wer reichlich sät, wird reichlich ernten.

2. KORINTHER 9,6

Es gibt Zeiten in unserem Leben, die eignen sich besonders, um sich über erreichte und neu zu steckende Ziele Gedanken zu machen. Mitunter sehen diese Momente auf den ersten Blick nur nach Krise und Zerbruch aus. Die Lebensmitte, der Verlust eines Arbeitsplatzes, ein Wohnortwechsel oder das Erleben von schwerer Krankheit können solche Zeiten einleiten. Sie bergen aber die Chance, dass wir innehalten, um eine Neuausrichtung, eine Neujustierung unseres Lebens vorzunehmen. Wir brauchen sie, damit wir am Ende sagen können: »Ich habe das Leben gelebt, das ich leben wollte, ich habe meine Ziele und Wünsche verwirklichen können, ja, wichtiger noch: Gott konnte *seine* Ziele mit mir verwirklichen, und ich bin im Laufe der Zeit zu dem Menschen geworden, den er sich ursprünglich bei meiner Erschaffung gedacht hat.«
Wenn Sie an solch einem Punkt stehen, könnte Ihnen folgende Übung etwas helfen: Stellen Sie sich vor, Sie müssten am Ende Ihres Lebens Ihre eigene Trauerrede verfassen. Was sollte als Fazit Ihres Lebens dort niedergeschrieben sein? Oder was sollen andere über Ihr Leben aussagen können? Was ist diesbezüglich Ihr größtes Anliegen? Vom Ende her

gedacht, lassen sich Ziele leichter finden und benennen, und es wird sich herauskristallisieren, worauf es uns im Leben wirklich ankommt.
Aber auch noch etwas anderes wird deutlich: Diese Ziele werden wir nur erreichen, wenn wir vorher auch in sie investiert haben. Oder am Bibelvers angelehnt formuliert: Wir werden nur da reichlich ernten, wo wir vorher auch reichlich gesät haben. Will ich beispielsweise, dass am Ende meines Lebens steht: »Sie hatte für alle Menschen ein offenes Haus und ein offenes Ohr«, dann muss ich hier und jetzt in Beziehungen investieren und mir Zeit nehmen, damit Menschen zu mir kommen und sich mir öffnen. Mit einem Alltag, der randvoll gepackt ist mit einem Fulltime-Job und vielen Terminen, wird dieses Ziel nur schwerlich zu erreichen sein. Soll man von mir sagen: »Sie hat das Potenzial und die besondere Begabung, die Gott in sie hineingelegt hat, voll ausgeschöpft und mit ihrer außergewöhnlichen Leistung das Leben vieler Menschen bereichert«, dann muss ich diese besondere Begabung auch fördern und ihr in meinem Leben Priorität einräumen. Wahrscheinlich muss ich dann zu manch anderem verlockenden Angebot Nein sagen und mich ausschließlich und im positiven Sinne ehrgeizig um den Ausbau meines Talents kümmern. Will ich, dass Menschen, die Gott nicht kennen, später von mir sagen: »Bei ihr habe ich erstmals richtig verstanden und erlebt, was Christsein bedeutet«, muss ich mir hier und heute Zeit nehmen, mit »Nichtfrommen« Gemeinschaft zu haben und Freundschaften aufzubauen. Vielleicht müsste ich manche Gemeindeaktivität sausen lassen, um dieses Ziel zu erreichen.
Anhand dieser Beispiele wird deutlich: Große Ziele erreiche ich nur, wenn ich diese zum einen fest umrissen vor Augen habe und zum anderen hier und jetzt klare, mitunter sogar

schmerzhafte Entscheidungen treffe, die mich im Sinne dieses Zieles mit konkreten Schritten voranbringen. Eine gute Lebensernte fällt nicht vom Himmel, sondern findet da statt, wo reichlich gesät wurde!

In dieser Woche will ich innehalten und darüber nachdenken, ob meine Art zu leben, mein Denken und mein Tun mit meiner Zielvorgabe übereinstimmen oder ob ich vom Weg abgewichen bin. Bei der Formulierung meiner Ziele will ich vor allem eins: ehrlich sein. Ich will keine frommen Allgemeinplätze von mir geben, sondern das benennen, was mich zutiefst antreibt. Ich will diesen ehrlichen Herzenswunsch vor Jesus ausbreiten: Vielleicht dachte ich bisher nur, dass ich dieses Ziel nicht haben dürfte, weil es nicht in die gängigen frommen Klischees passt. Möglicherweise sagt mir Jesus zu diesem Thema aber etwas ganz anderes. Ich will ganz Ohr sein und ebenfalls die Bereitschaft mitbringen, meine Lebensziele von Jesus und Gottes Wort korrigieren zu lassen. Ich tue das in der Gewissheit, dass Gott nur die besten Absichten mit mir hat und seine Korrektur immer zu meinem Besten dient.

Zum Thema **Meine Lebensziele** finde ich in der Bibel folgende Texte: Psalm 90; Matthäus 6,19-33; Lukas 12,15-21; Galater 6,7-10; Philipper 3, 13-14; Kolosser 3,2-3; 1.Timotheus 6,7-16.

18

Daseinslust

Dies ist der Tag, den der Herr gemacht hat;
wir wollen jubeln und uns an ihm freuen.

PSALM 118,24

Ich genieße diesen wunderschönen Sommermorgen. Alles ist frisch und glitzert vom Tau. Die drückende Hitze, die heute ganz sicher noch einsetzen wird, lässt noch ein paar Stunden auf sich warten. Ich frühstücke schnell, setze mich dann auf mein Fahrrad und radle los. Draußen auf den Feldern ist es kühler als bei uns zwischen den Häuserzeilen, wo die Mauern die Hitze des vorangegangenen Tages immer noch nicht ganz abgegeben haben. Ein Reh springt erschrocken davon, als es mich sieht, und über mir zieht ein Raubvogelpärchen seine Kreise. Eine Lärche schraubt sich mit einem Lied in der Kehle in schwindelerregende Höhen hinauf, um sich dann voller Lebenslust in die Tiefe zu stürzen. Die Schönheit der Natur und ihre pure Daseinsfreude stecken mich an.

Ich erreiche den Wald. Hier ist die Luft feucht und frisch – alles ist grün, weil die dichten Baumwipfel die Hitze zurückhalten und der Boden noch nicht so ausgedörrt ist. Nachdem ich den Wald durchquert habe, liegt vor mir ein kleines Dorf. Ich komme an heimeligen Häuschen vorbei, die von schmucken Gärten geziert werden, und an großen Bauernhöfen, in deren Ställen das Vieh erwartungsvoll rumort, weil der Bauer es gleich auf die Weide führen wird. Als

ich kurz anhalte, kommt mir eine Katze entgegen, streicht schnurrend um meine Beine und holt sich von mir ihre Streicheleinheiten ab.
Ich beobachte einen Augenblick das morgendliche Treiben auf dem Hof. Das Lebenstempo ist hier langsamer, die Bewegungen sind ruhiger. Der Seniorbauer sitzt vor dem Stall auf der Bank, guckt in der Gegend herum und freut sich des Lebens, während er ab und zu seine Kinder und Schwiegerkinder herumkommandiert. Ich kann mir ein Grinsen nicht verkneifen und werfe ihm einen freundlichen Morgengruß zu, bevor ich mich langsam auf den Heimweg mache.
Ich bin dankbar, dass ich Teil dieses beschaulichen und ruhigen Lebens sein darf. Irgendwann habe ich mich ganz bewusst gegen Stress und Hektik und für ein langsameres Lebenstempo entschieden. Ich weigere mich, die hektische Betriebsamkeit, die mich vielerorts umgibt, noch länger mitzumachen. Ich kann und will meinen Wert als Mensch auch nicht mehr vom Grad meines Stresses und der Terminfülle ableiten. Das Leben fühlt sich so viel angenehmer an, wenn es langsam laufen darf, wenn Minuten und Stunden bewusst wahrgenommen werden, wenn Zeit für Erholung und Entspannung da ist und Lebenslust Raum bekommt.

In dieser Woche will ich aufmerken, ob mein Lebenstempo mir und meinem Typus angemessen ist. Passen mein Leben und die Gestaltung meines Alltags zu mir? Empfinde ich Daseinslust und genieße die einzelnen Minuten und Stunden, oder hetze ich nur von Aufgabe zu Aufgabe und von Termin zu Termin? Welche dieser Arbeiten sind tatsächlich notwendig, und was ließe sich durchaus ändern oder sogar streichen? Was hindert mich daran, so zu leben, wie ich möchte? Sind es tatsächlich unabänderliche Sachzwänge, oder begebe ich mich selbst immer wieder in das Hamsterrad? Vielleicht er-

wartet man diese Umtriebigkeit von mir, und ich habe nicht die Kraft, mich gegen Fremderwartungen zur Wehr zu setzen. Vielleicht ziehe ich meinen Wert als Frau, als Mensch aus meiner Überbeanspruchung und Geschäftigkeit. Möglicherweise treibt mich die Gier nach immer mehr Besitz an. Möchte ich meine Gelassenheit und meinen inneren Frieden wirklich dafür opfern? Könnte ein einfacherer Lebensstil, aber dafür mehr Zeit, mehr Ruhe, mehr Lebensgenuss eine denkbare Alternative für mich sein?

Zum Thema **Daseinslust** finde ich in der Bibel folgende Texte: Psalm 104; Psalm 127,1-2; Prediger 9,7-10; Matthäus 6,25-34; Matthäus 11,28-30; Markus 6,30-32; Lukas 10,38-42.

19

Abschied nehmen und trauern

Der Herr hat gegeben, der Herr hat genommen;
gelobt sei der Name des Herrn.

HIOB 1,21B

Nun ist er also da, der große Augenblick. Ersehnt und gefürchtet zugleich. Unser ältester Sohn heiratet und verlässt als Erstes unserer Kinder das Haus. Die letzten Monate waren für mich eine emotionale Achterbahnfahrt erster Güte. Ersehnt ist dieser Moment, weil ich mich darauf freue, dass sich unser Haus langsam leert, der enorme Kraftakt Großfamilie mehr und mehr auf ein erträgliches Maß zusammenschrumpft und ich wieder häufiger Zeit finde, mich mir selbst und meinem Leben zuzuwenden. An vielen Stellen entdecke ich, dass mich die Lust an meiner rührigen Muttertätigkeit mehr und mehr verlässt, vor allem, wenn es sich um Dinge handelt, die die »Kinder« durchaus selbst in die Hände nehmen könnten. Diese Lustlosigkeit ist angebracht und absolut passend. Sie fördert meine Verweigerung, meinen Heranwachsenden noch länger ein kuscheliges Nest zu bieten, und erhöht den Druck auf sie, endlich flügge zu werden.

Gefürchtet ist dieser Augenblick, weil er auch ganz viel Schmerz und Trauer beinhaltet. Ich fühle mich alleingelassen und bin plötzlich abgemeldet. Ich habe viel, wenn nicht sogar alles investiert und muss jetzt alles hergeben. Ich weiß, ich gebe mein Kind an Gott zurück, gebe es in seine Hand, aber

es tut trotzdem weh. Das Ende einer anstrengenden, aber dennoch sehr erfüllenden Lebensphase ist eingeläutet, und damit taucht der so gern verdrängte Gedanke an die eigene Vergänglichkeit mit ganzer Wucht wieder auf. Mit meinem Kind muss ich auch mein eigenes Leben, das, was davon schon unwiederbringlich gelebt wurde, loslassen. Das ist kein Abschied auf unbestimmte Zeit, sondern ein endgültiges Lebewohl.
Der Schmerz und die Trauer umspülen mich wie die Wehen bei der Geburt: Mal rauben sie mir fast die Luft, mal sind mir Pausen vergönnt. Aber ich kann nichts abkürzen, kann nicht zurück – ich muss bis zum bitteren Ende durch.

In dieser Woche will ich der Trauer in meinem Leben, so sie denn vorhanden und notwendig ist, in angemessener Weise Raum geben. Da gibt es Dinge, die ich loslassen muss oder loslassen sollte. Das kann eine Freundschaft, ein Kind, ein lieber Mensch, ein Arbeitsplatz, eine Gemeinde oder ein vertrauter Wohnort sein. Dieses Loslassen ist immer mit Abschiednehmen und Trauern verbunden. Ich will mich diesen Gefühlen stellen, sie aushalten und den Schmerz durchleben in der Gewissheit, dass meine Seele irgendwann ihre Arbeit getan haben wird und die Wunden verheilen. Keinesfalls will ich diesen Prozess abkürzen oder Gefühle verdrängen, weil ich weiß, dass sich das später bitterlich rächen wird. Aber genauso wenig will ich diese Phase künstlich in die Länge ziehen, indem ich mich in Gefühle hineinsteigere oder mich einem Heilungsprozess verweigere. Wenn es so weit ist, dass Jesus mir die Hand entgegenstreckt und mich bittet, aufzustehen, werde ich diese Hand ergreifen und wieder fröhlich meiner Wege gehen. Ich werde das mit einem Lob auf den Lippen und Dankbarkeit im Herzen über das Geschenkte in meinem Leben tun – auch wenn ich es ihm nun wieder zurückgeben musste.

Zum Thema **Abschied nehmen und trauern** finde ich in der Bibel folgende Texte: 2. Samuel 12,15-24; Psalm 23; Psalm 42; Psalm 90; Jesaja 49, 14-16; Jesaja 61,1-3; 2. Korinther 1,3-4.

20

Loslassen

Lass los, die du zu Unrecht gebunden hast … Dann wird dein Licht hervorbrechen wie die Morgenröte und deine Heilung wird schnell voranschreiten … und die Herrlichkeit des Herrn wird deinen Zug beschließen.

JESAJA 58, AUS VERS 6 U. 8

Was macht mir das Loslassen besonders schwer? Ich glaube, es ist dies: wenn die heranwachsenden oder erwachsenen Kinder Entscheidungen treffen, die ich nicht teilen kann, und Wege gehen, die absehbar problematisch sind. Solange sie klein waren, konnte ich Einfluss nehmen auf ihr Denken und ihr Verhalten. Ich habe versucht, ihnen Werte zu vermitteln, die meiner Beziehung zu Jesus und meinem Glauben an ihn entspringen. Das betraf alles: die Art zu reden und miteinander umzugehen, den Umgang mit sozial schwächeren Menschen, die Medienhygiene, die Relevanz von Gebet und Bibellesen, den Umgang mit Geld, den Wert bzw. Nichtwert von Äußerlichkeiten wie Klamotten oder gutem Aussehen, den Umgang mit Sexualität, den Stellenwert von Gemeinde und der Arbeit im Reich Gottes usw. Manches davon (und wahrscheinlich mehr, als ich denke und sehe) hat in ihnen Wurzeln geschlagen und wird nun wiederum von ihnen umgesetzt. Aber vieles oder zumindest manches eben auch nicht. Da herrscht so viel Oberflächlichkeit, so viel Ichzentriertheit, und da wird oft gelebt, ohne einen ein-

zigen Gedanken daran zu verschwenden, was die Bibel oder Jesus dazu sagen.
Aber meine Erziehungsarbeit ist zumindest bei den (fast) erwachsenen Kindern beendet. Ich habe nicht mehr das Recht, sie weiter an meine Vorstellungen vom Leben zu binden, sondern muss ihnen zugestehen, ihr eigenes Leben zu gestalten. Tue ich das nicht, dann halte ich sie, wie der oben genannte Bibelvers es formuliert, zu Unrecht gebunden. Damit blockiere ich nicht nur ihre, sondern auch meine eigenen Heilungs- und Wachstumsprozesse.

In dieser Woche will ich mich bewusst dafür entscheiden, Situationen oder Menschen loszulassen, für die ich weit mehr Verantwortung übernehme, als für sie oder mich gut ist. Vielleicht ist es ein suchtkranker Mensch, mit dem ich zusammenlebe, eine Freundin, die in unguten Lebensmustern gefangen ist, ein erwachsenes Kind oder jemand, der den Glauben nicht annehmen will, obwohl ich es mir sehnlichst wünsche. Ihnen allen will ich die Würde zurückgeben, für ihr eigenes Leben geradezustehen und zu sorgen.
Ich erkenne, dass im Loslassen eine Freiheit liegt, die es mir ermöglicht, mich meinem eigenen Leben zuzuwenden. Damit bekommt der andere Raum, seine eigenen Erfahrungen zu machen, die es ihm ermöglichen, zu wachsen und zu reifen. Ich sehe ein, dass mein ständiges Einmischen und mein Ich-meine-es-doch-nur-gut zwar einer edlen Absicht entspringen, aber dennoch den anderen an seiner Entfaltung hindern und mitunter sogar das Gegenteil bewirken. In Demut bekenne ich, dass ich nicht Gott, sondern nur ein Mensch bin und damit letztlich gar nicht weiß, was wirklich gut für den anderen ist. Weiß ich, ob die Krisen und Niederlagen, vor denen ich ihn schützen will, ihm nicht zu einem entscheidenden Reife- und Wachstumsschub verhelfen würden? Weiß ich, ob Jesus nicht noch einen viel besseren, passenderen Plan für ihn hat als mein bester Plan?

In dieser Woche will ich Raum schaffen für den Gedanken, dass bei Gott allein alle Kraft und Souveränität liegt, um Situationen oder Menschen, die mir am Herzen liegen, zu einem guten Ziel zu bringen.

Zum Thema **Loslassen** finde ich in der Bibel folgende Texte: 1.Mose 2,24; 1. Samuel 1,20-28; Hesekiel 3,16-21; Matthäus 18,5-18; Markus 10,17-23; Galater 6,4-5; Philipper 1,6.

21

Sorgen abgeben

Werft alle Sorge auf ihn,
denn er kümmert sich um euch.

1. PETRUS 5,7

Sorgen und Zukunftsängste sind die größten Blockaden im Prozess des Loslassens. Solange ich für mich und den anderen zuversichtlich in die Zukunft blicke, kann ich relativ leicht loslassen. Öffne ich aber die Büchse der Pandora und male mir aus, was mir und meinen Lieben Schreckliches zustoßen kann, wie sich Situationen möglicherweise zum Schlechten verändern könnten, verliere ich die Freiheit und Fähigkeit, loszulassen, immer mehr. Je mehr ich mich in solche dunklen Sorgengedanken verstricke, umso verzerrter wird mein Blick, bis ich den Bezug zur Realität völlig verloren habe. Die Realität aber ist das Hier und Jetzt. Alles, was in der Zukunft geschieht, ist reine Spekulation. Die Wahrscheinlichkeit, dass sich das Leben zum Schlechten hin entwickelt, ist genauso groß wie die, dass es eine Wendung zum Guten nimmt. Ich weiß es einfach nicht. Dieser Gedanke hilft mir, die Unsinnigkeit meiner sorgenvollen und ängstlichen Grübelei zu erkennen. Ich werde nichts an der Zukunft ändern, ob ich mich nun vor Sorge verrückt mache oder mich entspanne und abwarte, wie sich die Dinge entwickeln. Ja, es scheint sogar so, dass meine ängstliche und besorgte Erwartung die befürchtete Situation oder Entwicklung erst auf den Plan ruft.

In dieser Woche will ich mich darin üben, Sorgen an Jesus abzugeben. Wenn ich vor einer Situation stehe, die meine Ängste auf den Plan ruft, will ich mich zunächst einmal fragen, ob die Sorge mich zu einer sinnvollen und nötigen Handlung treiben will. Wenn es etwas gibt, was ich konkret in dieser Sache tun kann, damit meine Befürchtungen entkräftet werden, will ich diesen Schritt zügig und tatkräftig in Angriff nehmen. Damit habe ich getan, was ich tun konnte, und habe die sinnvollen Seiten der Sorge konstruktiv für mich genutzt. Stelle ich aber fest, dass es in dieser Sache keinen nutzbringenden Handlungsansatz für mich gibt, will ich die finsteren Gedanken geduldig und diszipliniert wegschicken. Geduld werde ich brauchen, weil die Sorgen immer wieder an meiner Tür klopfen werden und es mit einmal Wegschicken nicht getan sein wird. Das sollte mich nicht verwundern. Disziplin werde ich brauchen, weil sorgenvolle Gedanken eine geradezu verführerische Sogwirkung entfalten, mich aber immer mehr in die Tiefe ziehen. Manchmal muss ich mich regelrecht dazu zwingen, mich von diesem Sog fernzuhalten und meine Gedanken auf etwas anderes zu konzentrieren.
In dieser Woche werde ich nach Möglichkeiten und Gelegenheiten Ausschau halten, die mich von meinem sorgenvollen Grübeln ablenken. Die Gedanken auf etwas anderes zu konzentrieren hilft, wieder einen angemessenen Abstand zwischen mich und die Probleme zu bringen. Darüber hinaus werde ich dankbar von dem Angebot Jesu Gebrauch machen, meine Sorgen auf ihn zu werfen, die Last von meinen Schultern zu nehmen und auf seine zu packen. Ich weiß, dass er sich viel umfassender meiner Not annimmt, als ich es jemals könnte!

Zum Thema **Sorgen abgeben** finde ich in der Bibel folgende Texte: Nehemia 8,10; Psalm 131; Jeremia 17,5-8; Micha 7,7; Matthäus 6,25-34; Philipper 4,4-7; 1. Petrus 5,7.

22

Meine Meinung ist gefragt

Da sagte er zu ihnen: Ihr aber,
für wen haltet ihr mich?

MATTHÄUS 16,15

Es gibt so allerlei Gerede über Jesus. Von der Meinung, er sei Johannes, über die Ansicht, er sei Elia, bis hin zu dem Glauben, Jeremia oder irgendein anderer Prophet sei in ihm wieder erschienen, scheint für die Menschen, die Jesus kennengelernt haben, alles möglich zu sein. Aber dann kommt die entscheidende Frage von Jesus an seine Jünger: »Ihr aber, für wen haltet ihr mich?« Damit wird es völlig irrelevant, was »man« so denkt und was die Einstellung der breiten Masse ist. Jesus schaut den Einzelnen an und will wissen, was er, er ganz persönlich, denkt. Dieses Herausrufen des Einzelnen aus der Masse, die Wertschätzung des Individuums und die Ermutigung, sich klar zu positionieren, finden wir bei Jesus immer wieder. Sein Blick schweift über die große Gruppe, bleibt dann an einer Person hängen, trifft ihren Blick und fragt: »Und du? Was ist mit dir? Wie denkst du darüber? Was willst *du?*« Bei Jesus ist es unmöglich, aber auch gar nicht nötig, sich hinter dem Rücken anderer zu verstecken. Denn sein Blick trifft den unsrigen voller Liebe und mit der ausdrücklichen Ermutigung: »Sag doch, was du denkst. Sag doch, was du willst!« Bei ihm können wir lernen, zu uns und unseren Ansichten zu stehen und ehrlich zu sein.

In dieser Woche will ich auf die Stellen in meinem Leben achten, an denen Jesus mich zu einer klaren Antwort ermutigen will. Vielleicht habe ich mir angewöhnt, unter Kollegen oder Nachbarn meine Einstellungen und Meinungen zu verschleiern oder zu verstecken, weil ich keine schrägen Blicke ernten möchte. Vielleicht äußere ich unter Christen oder in der Gemeinde meine abweichende Meinung, meine Zweifel und Fragen nicht, weil ich befürchte, dann nicht mehr als »linientreu« zu gelten. Vielleicht habe ich es mir in meiner Ehe, in meiner Familie und im Umgang mit anderen Menschen zu eigen gemacht, mit meiner Meinung, mit meinen Gedanken und Ansichten hinterm Berg zu halten, um die Harmonie und den Frieden nicht zu stören und ins Wanken zu bringen. Ich habe angefangen, mich zu verbiegen, um mich und andere zu schützen. Jesus aber möchte mich wieder aufrichten und mich mit Mut und Stärke ausstatten, damit ich authentisch leben kann. Er sieht mir in die Augen und fragt: »Und du, was denkst und willst du?«

Zum Thema **Meine Meinung ist gefragt** finde ich in der Bibel folgende Texte: 1. Könige 3,2-15; Sprüche 8,6-8, Sprüche 12,17-19; Markus 5,24-34; Markus 10,46-52; Johannes 5,1-18; Johannes 6,60-69.

23

Von Gott berufen

Ich aber sage dir: Du bist Petrus und auf diesen Felsen werde ich meine Kirche bauen.

MATTHÄUS 16,18A

Auf die klare, bekennende Aussage des Petrus: »Du bist Christus«, folgt eine ebenso klare Berufung und Beauftragung durch Jesus. In allen Berufungsgeschichten der Bibel sind Ehrlichkeit und Klarheit ein großes Thema. Das mag wie hier im Rahmen eines gewaltigen Bekenntnisses sein, was Petrus an anderer Stelle mit dem Versprechen, er werde den Herrn niemals verleugnen, noch unterstreicht; für den Moment ernst gemeint und voll ehrlicher Überzeugung gesprochen. Diese Ehrlichkeit und Klarheit mag sich aber auch, wie zum Beispiel bei Jesaja oder Jeremia, im Empfinden totaler Überforderung und absoluten Unvermögens ausdrücken. Oder, wie wir es bei der Berufung des Mose sehen, in einem Rumdrucksen, Feilschen und Verhandeln, um aus der Nummer doch noch herauszukommen. Was mich absolut begeistert, ist die Tatsache, dass Gott auf all diese ehrlichen und klaren Reaktionen der Menschen auf seinen Ruf sehr individuell und liebevoll antwortet.
Auf das gewaltige, klare Christusbekenntnis des Petrus antwortet er mit einem ebenso gewaltigen Auftrag, obwohl er doch weiß, was für ein Filou sein Jünger ist. An dieser Stelle will er ihm seinen Enthusiasmus nicht nehmen – Zeit und Erfahrung werden bei ihm schon für Bodenhaftung sorgen.

Jetzt nimmt er die Begeisterung des Petrus und den für den Augenblick klaren Bekennermut erst einmal dankbar an und setzt diese Stärke für den Bau seines Reiches ein. Den Zauderern spricht er Mut zu, und mit Mose feilscht und verhandelt er, bis ihm fast der Kragen platzt. Wenn Gott in unser Leben hineinspricht und uns in einen Dienst oder in eine bestimmte Situation hineinruft, dürfen wir ihm ehrlich sagen, wie es uns dabei ums Herz ist.

In dieser Woche will ich mich besonders mit dem Ruf Gottes an mich beschäftigen. Denn mein Leben soll eine Investition in das Reich Gottes sein und nicht nur gemäß meinen eigenen Wünschen, Vorlieben und Vorstellungen dahinplätschern! Vielleicht beruft er mich dazu, in der Nachbarschaft Beziehungen zu bauen. Vielleicht möchte er, dass ich an meinem Arbeitsplatz verstärkt von ihm erzähle. Vielleicht möchte er, dass ich mir mehr Zeit für meine Kinder nehme und in ihre geistliche Entwicklung investiere, oder er ruft mich in einen konkreten Dienst in Gemeinde oder Gesellschaft.
Mit einem ehrlichen Herzen möchte ich ihm gehorsam sein. Ehrlich, weil ich vor ihm all meine Befürchtungen, Ängste und Lustlosigkeiten aussprechen darf und er mich darin ernst nimmt und versteht. Ich weiß, dass Gott mit dieser Ehrlichkeit weitaus mehr anfangen kann als mit frommen Phrasen und Floskeln, die ich gar nicht so meine. Ich weiß, dass es nicht hilfreich ist, wenn ich tiefste Motive verschleiere und Ängste und Abneigungen nicht klar benenne. Gehorsam möchte ich sein, weil ich weiß, dass nur ein Leben in meiner Berufung letztlich ein erfülltes Leben ist, und weil es mein größter Wunsch ist, mit meinem Leben Gott die Ehre zu geben.

Zum Thema **Von Gott berufen** finde ich in der Bibel folgende Texte: 1. Mose 15,1-6; 2. Mose 3,4 bis 4,17; Josua 1,1-9; Richter 6,11-40; Jesaja 6,1-13; Jeremia 1,4-10; 1. Petrus 2,4-10.

24

Berufung und Alltag

Alles, was ihr in Worten und Werken tut,
geschehe im Namen Jesu, des Herrn.
Durch ihn dankt Gott, dem Herrn.

KOLOSSER 3,17

Wie aber entdecke ich überhaupt die Berufung, die Gott auf mein Leben gelegt hat? Manchmal spricht Gott sehr klar und eindeutig, wie wir das in den Berufungsgeschichten der Bibel lesen können. Das ist damals wie heute eher selten – wir dürfen nicht vergessen, dass die Berichte der Bibel mehrere Jahrhunderte der Geschichte Gottes mit den Menschen zusammenfassen und sich das Ganze nur für uns heute so komprimiert liest. Dass Gott mit hörbarer Stimme oder durch einen seiner Boten jemanden in einen Dienst berief, war auch damals nicht an der Tagesordnung.

Der Dienst, in den Gott uns sendet, ergibt sich oftmals ganz natürlich aus dem Lebensumfeld, in das wir hineingestellt sind. Als Mutter mehrerer Kinder wird unsere Berufung höchstwahrscheinlich darin bestehen, Familienleben zu gestalten und in die Erziehungsarbeit zu investieren. Haben wir alte Eltern zu pflegen, wird das, zumindest für einen bestimmten Zeitraum, unsere Berufung sein. Unsere nächsten Nachbarn, unsere direkten Arbeitskollegen, die Dinge, die uns direkt vor den Füßen liegen – das sind oft die Aufgaben, zu denen uns Gott sendet. Der ganz normale Alltag, so

schmucklos er uns manchmal auch erscheinen mag, ist das Feld, das wir zu beackern haben.
Unser Ruf nach *der* Berufung in unserem Leben ist häufig nur ein Ausweichmanöver, weil wir der Tristesse unseres Alltags entfliehen wollen und uns nach etwas Spektakulärem sehnen. Aber auch die spektakulärste Berufung verliert mitunter im grauen Licht des Alltags und der Routine schnell ihren Glanz oder ist mit so vielen Belastungen und überdurchschnittlichen Herausforderungen verbunden, dass wir uns möglicherweise bald wünschen würden, der Ruf hätte uns nie ereilt. Dagegen kann der ganz normale Alltag, mit Hingabe und Jesusnähe gelebt, ein erfüllendes Abenteuer werden.

In dieser Woche will ich mich meinem Alltag ganz neu stellen. Das Umfeld, in das Gott mich hineingestellt hat, die Menschen, mit denen er mich tagtäglich zusammenführt, die Arbeiten, die ich vielleicht mit einer gewissen Eintönigkeit zu verrichten habe, werden einen neuen Glanz und eine neue Wertigkeit erhalten, wenn ich Jesus noch einmal ganz neu mit einbeziehe. In dieser Woche werde ich jeden Tag mit der gespannten Erwartung beginnen, wie Jesus mich in meiner Alltäglichkeit gebrauchen will, welche Chancen darin liegen, geistlich und charakterlich zu wachsen, und welche Möglichkeiten, Jesus und meinen Mitmenschen meine Liebe zu zeigen. Ich will mich in diesem Alltag bewähren, denn möglicherweise ist er eine Vorbereitung auf einen größeren Dienst. Und wenn nicht? Nun denn, dann will ich mich an diesem gewöhnlichen Tag freuen, Jesus lieben und ihm inmitten der Alltäglichkeit dienen. Heute und morgen auch noch …

Zum Thema **Berufung und Alltag** finde ich in der Bibel folgende Texte: Psalm 118,24; Sprüche 12,9; Sprüche 31,10-31; Lukas 16,10; Römer 12,3.9-21; Epheser 6,6-7; Jakobus 3,13.

25

Berufung und Gaben

Das alles bewirkt ein und derselbe Geist;
einem jeden teilt er seine besondere Gabe zu,
wie er will.

1. KORINTHER 12,11

Ein weiterer Hinweis auf den Dienst, in den Gott uns berufen will, sind unsere Begabungen. Manchmal beruft Gott Menschen in einen Dienst hinein, die für die Erfüllung dieser Aufgabe kaum natürliche Fähigkeiten mitbringen, um von vorneherein deutlich zu machen: Das hier ist *mein* Werk. Oft knüpft er aber an unsere Begabungen und Talente an. Manche davon sind unsere natürlichen Begabungen, entstanden aus unseren Genen und aus Erlerntem; andere sind explizit geistliche Gaben, die vor unserer Bekehrung überhaupt nicht in uns angelegt waren, und wieder andere sind unsere natürlichen Gaben, die durch eine »geistliche Füllung« noch mal eine ganz neue Färbung und Ausprägung erhalten.

Unsere Gaben und Talente erkennen wir daran, dass entsprechende Tätigkeiten uns große Freude und Erfüllung bereiten, wir völlig darin aufgehen und alles andere darüber vergessen können und darüber hinaus andere unsere außergewöhnlichen Fähigkeiten auf diesem Gebiet bestätigen. Solche Begabungen können ganz praktische, »äußere« Fähigkeiten sein, etwa ein großes handwerkliches Geschick, die Fähigkeit, ein Instrument zu beherrschen, Veranstaltungen zu organisieren, zu lehren und andere zu führen oder die Fähigkeit, besonders gut mit einer bestimmten Menschengruppe umgehen zu können.

Aber Gaben können auch »innere« Fähigkeiten sein. Eigenarten unserer Persönlichkeit, die besonders hervorstechen, wie z.B. ein hohes Einfühlungsvermögen, ein »Hang« zu Stille und Kontemplation, die Fähigkeit, gut zuhören zu können oder tiefer liegende Zusammenhänge erkennen und auf den Punkt bringen zu können oder ein besonderes Herz für Schwache und Bedürftige zu haben. »Äußere« Fähigkeiten, die sich in einem bestimmten Handeln manifestieren, haben ihre Wurzeln oft in »inneren« Fähigkeiten und bekommen von hier ihre Nahrung. So hat z.B. jemand, der gut lehren, predigen und Vorträge halten kann, oft die innere Fähigkeit, tiefere geistliche oder innerseelische Vorgänge erfassen und auf den Punkt bringen zu können. Mit welcher Gabe hat Gott *mich* beschenkt?

In dieser Woche werde ich nach meinen Gaben Ausschau halten und versuchen, sie so konkret wie möglich zu benennen. Vielleicht kann ich mir einen großen Zettel hinlegen, auf den ich im Laufe der Woche all die Situationen notiere, in denen ich feststelle: Hier gelingt mir etwas außergewöhnlich gut, etwas geht mir besonders leicht von der Hand oder ich habe an einer Tätigkeit besonders viel Freude. Zwei Dinge werde ich dabei vermeiden: Ich werde mein Können nicht kleinreden, nicht bagatellisieren und in falscher Demut sagen: »Ach, das ist doch nichts Besonderes.« Meine Begabung ist besonders und verdient Beachtung, weil sie mir von Gott anvertraut wurde und weil sie zu mir gehört. Des Weiteren werde ich vermeiden, Fähigkeiten direkt in geistlich und ungeistlich und damit in brauchbar und unbrauchbar einzuteilen. Ich werde nichts, was zu mir gehört und was mir Freude und Erfüllung bringt, amputieren, nur weil es scheinbar nicht fromm genug ist. Meine Freude, im Garten zu arbeiten und alles zum Blühen zu bringen, mein sportliches Können, Malen, Tanzen, meine Liebe zu Tieren oder meine Lust, alte Möbel zu restaurieren, werde ich genauso Jesus weihen wie meine Fähigkeit, anderen verständlich das Evangelium zu erklären, meine seelsorgerliche Begabung oder die Gabe, andere im Lobpreis zu leiten.

Zum Thema **Berufung und Gaben** finde ich in der Bibel folgende Texte: Matthäus 25,14-30; Apostelgeschichte 6,1-7; 1. Korinther 12,1-11; Kolosser 3,17; 1. Timotheus 4,14-16; 2. Timotheus 1,6; 1. Petrus 4,10.

26

Berufung und Gottes Zeitpunkt

Samuel nahm das Horn mit dem Öl und salbte David mitten unter seinen Brüdern. Und der Geist des Herrn war über David von diesem Tag an.

1. SAMUEL 16,13

Mit diesem Satz endet die Berufungsgeschichte von David zum König über Israel. Die Königsherrschaft, zu der er hier berufen wird, tritt er aber erst Jahre später nach vielen Höhen und Tiefen an. Zunächst einmal erlebt er eine sehr schwierige Zeit, eine Zeit, in der er »kleine Brötchen backen« muss, eine Zeit, in der er Saul, dem noch amtierenden König, in Treue und Verbindlichkeit dient, obwohl dieser ihm schwer zusetzt und ihn verfolgt. Bis König Saul stirbt und Gott David den Startschuss für seinen Dienstbeginn gibt, vergehen etliche Jahre. (Es lohnt sich wirklich, diese interessante und spannende Geschichte in 1. Samuel 16 bis 2. Samuel 2,11 einmal im Zusammenhang zu lesen.)

Manchmal legt Gott konkrete Berufungen, Träume und Visionen in unser Leben hinein. Neben den alltäglichen Aufgaben, in die Gott uns hineingestellt hat, und neben den Gaben, die er uns gegeben hat, finden wir auch in diesen Träumen und Sehnsüchten Antworten auf die Frage: »Was hat Gott mit meinem Leben vor?« Vielleicht hat er bereits in unserer Kindheit oder Jugend eine Berufung ausgesprochen oder ein tiefes Anliegen in unser Herz gelegt. Aber dann sind

erst einmal eine Menge anderer Dinge in unserem Leben geschehen, die scheinbar nichts mit dieser Berufung zu tun hatten. Dieses »Andere«, die alltäglichen Pflichten und Aufgaben, das Bewältigen der Lebensanforderungen, die sich uns vielleicht ungefragt in den Weg gestellt haben, haben diese Sehnsüchte und Lebenswünsche möglicherweise komplett ins Abseits gedrängt.
Ungeachtet dessen tauchen unsere alten Träume und Visionen dennoch immer wieder in unseren Gedanken und in Begegnungen mit anderen auf oder schleichen sich in unseren Schlaf. Wenn das der Fall ist, sollten wir gut hinhören, ob hier nicht Reden Gottes geschieht. Eine Lebensberufung von Gott zeigt sich oft in diesen Träumen, die uns nicht loslassen. Ist jetzt möglicherweise der Zeitpunkt, wo sie verwirklicht werden sollen?

In dieser Woche will ich besonders auf Träume, Visionen und Herzensanliegen achten, die mich immer wieder, mal mehr, mal weniger, umtreiben. Vielleicht wollte ich schon immer einmal ein bestimmtes Musikinstrument erlernen, schreiben, malen, eine Lebensgemeinschaft gründen, mich einer Randgruppe der Gesellschaft zuwenden, in die Politik gehen, in einer bestimmten christlichen Organisation mitarbeiten oder ins Ausland gehen. Ich will diese Impulse, seien sie noch so unkonventionell oder scheinbar abwegig, nicht schmälern, indem ich sie als unrealistische Spinnerei abtue, sondern gut hinhören, ob Jesus mich an dieser Stelle gebrauchen möchte.
In dieser Woche will ich mich noch einmal neu meiner Berufung verpflichten. Vielleicht ist sie im Laufe der Monate und Jahre so unter all den Alltagspflichten verschüttet worden, dass sie nur noch mit einem winzigen Zipfelchen hervorlugt und ich sie kaum noch packen kann. Dann will ich mir die Zeit nehmen und die Mühe machen, sie auszubuddeln, von Staub und Dreck zu befreien, zu

polieren und noch einmal auf Vordermann zu bringen. Ich will Jesus fragen, ob jetzt möglicherweise der Zeitpunkt zur Verwirklichung gekommen ist.

Zum Thema **Berufung und Gottes Zeitpunkt** finde ich in der Bibel folgende Texte: Prediger 3,1-8.15; Lukas 2,25-32; Johannes 7,1-9; Apostelgeschichte 16,6-10; 2. Korinther 6,1-2; 2. Timotheus 1,6-7; 1. Petrus 5,6.

27

Meine Berufung schützen

Denn Christus hat mich nicht gesandt zu taufen, sondern das Evangelium zu verkünden.

1. KORINTHER 1,17A

Mit dieser Aussage ist mir Paulus ein großes Vorbild. Er weiß um den von Jesus ausgesprochenen Missionsauftrag für alle Christen, der das Weitersagen, Taufen und Lehren beinhaltet. Dennoch kann er klar formulieren: *Mich* hat Christus nicht gesandt zu taufen. *Ich* soll »nur« das Evangelium verkünden. Das JA zu der ureigensten Berufung beinhaltet oft ein NEIN zu anderen Diensten und Aufgaben. Das kann, vor allem wenn wir sehr vielschichtig begabt sind, schwer sein und vielleicht sogar den Unmut anderer, auch unserer frommen Mitstreiter auf uns ziehen. Denn dieses NEIN bezieht sich ja nicht nur auf weltliche Aktivitäten, sondern, wie wir bei Paulus sehen, durchaus auch auf Arbeiten und Dienste im Reich Gottes. In Büchern, Zeitschriften, auf Seminaren, Kongressen und Gemeindeversammlungen werden wir aufgefordert, dieses und jenes zu tun und diverse Bereiche unseres geistlichen Lebens zu intensivieren. Was uns da nahegelegt wird, sind gute, richtige und wichtige Dinge. Aber wir können nicht alles davon umsetzen, sondern dürfen wie Paulus sagen: »*Das* ist mein Lebensthema, aber *das* nicht.« Wir können das in Freiheit und ohne Schuldgefühle tun, denn wir sind Teil des Ganzen, Teil des Leibes, an dem jeder seine Aufgabe hat und nicht einer alles erfüllen muss.

In dieser Woche will ich meiner speziellen Begabung und der damit einhergehenden Berufung einen besonderen Platz einräumen. Wie ich eine besonders schöne Dekoration hervorhebe, indem ich andere Gegenstände beiseiteräume, damit das Ganze besser wirken kann, werde ich auch in meinem Leben umräumen, wegräumen und aussortieren, damit meine Begabung Raum hat, sich zu entfalten. Ich werde mich in meinen Diensten in der Gesellschaft und in der Gemeinde auf die Aufgaben konzentrieren, in die Jesus mich aufgrund meiner Gabenkonstellation hineingerufen hat.
In dieser Woche werde ich NEIN sagen zu Überforderung und zu einem frommen Multitasking. Ich werde mich Appellen wie: »Als Christen müssen wir …«, oder: »Wenn Du das nicht machst, dann macht es keiner«, nicht beugen. Auch nicht, wenn diese Appelle fromm verpackt und mit geistlichem Druck versehen sind, wie etwa: »Gott wird dir die Kraft schon geben«, oder: »Menschen gehen verloren, weil du dich an der Stelle verweigerst.« Ich will daran denken, dass Überlastung und Überforderung als Dauerzustand von Gott nicht für uns vorgesehen sind. Ich bin Teil eines Ganzen und brauche auch nur meinen Teil beizutragen. Mehr verlangt Jesus nicht von mir. Aber diesen kleinen Teil will ich ihm voller Hingabe und Liebe gerne schenken!

Zum Thema **Meine Berufung schützen** finde ich in der Bibel folgende Texte: 2. Mose 18,13-26; Matthäus 10,5-6; Matthäus 15,21-28; Matthäus 25,14-30; Matthäus 28,19-20; Römer 12,3-8; 1. Korinther 3,5-8.

28

Im Vergleich mit anderen

Ich danke dir, dass du mich so wunderbar gestaltet hast. Ich weiß: Staunenswert sind deine Werke.

PSALM 139,14

Meine Freundin ist außergewöhnlich begabt und begnadet in Sachen Handarbeit. Nichts tut sie lieber, als den ganzen Tag zu sticken, zu fädeln, zu nähen und zu häkeln. Wenn meine Freundin in den Himmel kommt, wird sie für den Herrn wahrscheinlich als Erstes ein goldenes Tuch fertigstellen, bestickt mit einem Lamm, einer Krone, einem Löwen oder sonstigen zu ihm passenden Zeichen, womit er dann wechselweise seinen Thron oder seinen Hals schmücken kann. Die Engel werden in wärmende Joppen gehüllt und am Fenster jeder vom Herrn vorbereiteten Wohnung hängen herzallerliebste Häkelgardinen.

Seit Neuestem hat sie begonnen zu quilten. Das Quilten von Decken oder Wandbehängen ist eine Wissenschaft und Kunst für sich, die ungeheuer viel Können, Geduld und Ausdauer verlangt. Das Ergebnis ist beeindruckend und lässt mich jedes Mal staunen, weil jemand in der Lage ist, so etwas Wundervolles zustande zu bringen.

Werde ich mit solch einem gewaltigen Können, mit solch einer Liebe zum Detail und solch einer Ausdauer konfrontiert, fühle ich mich selbst ganz schnell klein und unbedeutend. Das geht mir in anderen Situationen ähnlich. Da begegnet mir jemand, der besser aussieht als ich, intelligenter und kompetenter ist, ungeheuer viel auf die Beine stellt, dessen Kinder besser erzogen sind oder der an der einen oder anderen Stelle überdurchschnittlich begabt ist – und schon knicke ich innerlich ein und habe keine besonders gute Meinung mehr von mir. Wenn es Ihnen ähnlich geht, könnten wir miteinander etwas Neues einüben.

In dieser Woche will ich darauf achten, mich nicht mit anderen zu vergleichen. Solange ich mich mit anderen messe, lebe ich mein Leben wie auf einer Leiter: Da gibt es die, die über mir stehen, die mir überlegen sind und zu denen ich hinaufschauen muss. Ich bewundere und beneide sie und versuche dieses Gefühl möglicherweise zu kompensieren, indem ich kein gutes Haar an ihnen lasse. Und dann gibt es die, die unter mir stehen und in deren Gegenwart ich mich überlegen fühle. Sie sind für mich bedeutungslos, ich übergehe sie, interessiere mich nicht für sie, ja, manchmal nehme ich ihre Existenz kaum wahr. Neben mir, auf meiner Sprosse, auf Augenhöhe, hat kein anderer Platz – ich orientiere mich ausschließlich nach oben oder nach unten. Dieses Lebensmodell fördert Neid und Eifersucht, Stolz, Hochmut oder Minderwertigkeit und macht echte Gemeinschaft untereinander unmöglich.
In dieser Woche werde ich mir ein neues Bild geben. Es könnte das Bild von einem Kreis sein. Wir alle stehen in einem Kreis und sind miteinander verbunden. Da gibt es kein Oben oder Unten, sondern nur ein Nebeneinander und Miteinander. Jeder ist wichtig und hinterlässt eine empfindliche Lücke, wenn er fehlt. In dieser Woche werde ich Jesus danken für all meine Stärken, Kompetenzen und Begabungen. In dem Wissen, dass auch ich etwas Wichtiges und Einzigartiges beizutragen habe, werde ich auch allen Menschen um mich herum mit Achtung und Wertschätzung begegnen.

Zum Thema **Im Vergleich mit anderen** finde ich in der Bibel folgende Texte: 1. Mose 4,1-16; 1. Mose 30,1-24 und 37,1-11; Psalm 139,13-16; Römer 12,16; 1. Korinther 3,5-9; 1. Korinther 12,14-20; Jakobus 3,14-18.

29

Rache

Da wandte er sich um und wies sie zurecht.

LUKAS 9,55

Was war passiert? Auf dem Weg nach Jerusalem sucht Jesus eine Unterkunft. Er schickt ein paar seiner Jünger vor, die sich dieser Sache annehmen sollen. Die Männer kommen in ein Dorf der Samariter, dessen Bewohner die Juden aufgrund eines uralten Streites zwischen Juden und Samaritern nicht aufnehmen wollen. Jakobus und Johannes sinnen auf Rache und wollen ihre neu erworbene geistliche Macht nutzen, um Feuer vom Himmel auf diese Unholde fallen zu lassen. Dann heißt es ganz lapidar: »Da wandte Jesus sich um und wies sie zurecht.«

Lese ich diesen Text, finde ich die Reaktion der Jünger reichlich überzogen. Aber das Thema »Rache« ist mir dennoch nicht fremd. Nicht in solch offensichtlicher, leicht zu durchschauender und übertriebener Weise, wie ich es hier von Jakobus und Johannes lese. Aber da sind die feinen, für Fremde kaum wahrnehmbaren verbalen Nadelstiche, die ich jemandem versetze, der mich verletzt hat. Da ist das eisige Schweigen, mit dem ich jemanden abstrafe, weil er sich mir gegenüber zuvor ungehörig verhalten hat. Da ist der kleine, schnelle Handgriff, mit dem ich den anderen entlasten *könnte*, den ich gerade *nicht* tue, weil der andere mich zuvor auch im Regen hat stehen lassen. Da ist mein Opferverhalten, das dem anderen signalisieren soll, dass *er* Schuld an meinem Ungemach hat und dass er sich dafür gefälligst schlecht und schuldig zu fühlen hat. Da ist das »zufällige« Vergessen, weil der andere mich auch vergessen hat, ist die Verweigerung, das Dichtmachen, der Rückzug, die fiese, unter die Gürtellinie treffende Bemerkung, das Den-anderen-mal-so-richtig-zusammenstauchen-damit-die-Ratte-endlich-weiß-wo-hier-der-Hammer-hängt, der anklagende Blick, das leidende Gesicht, das versteckte Wie-du-mir-so-ich-dir. Rache ist auch mir nicht fremd – Jesus möchte mit mir darüber sprechen.

In dieser Woche will ich dem Heiligen Geist erlauben, rachsüchtige Gedanken und ebensolches Verhalten in meinem Leben aufzudecken. Wenn mir dabei etwas deutlich wird, ein Gedanke oder eine Situation, will ich zulassen, dass Jesus mich an dieser Stelle zurechtweist. Er will mich zu-Recht-bringen, wieder ins richtige Lot bringen, damit mein Leben zu meinem Glück und zu seiner Ehre gelingt. Ich weiß, dass ich mir durch Rachegedanken selbst am meisten schade – denn ich bleibe ein Gefangener meiner wütenden und verbitterten Gefühle und vergifte die ohnehin schon angeschlagene Beziehung zu dem anderen noch viel mehr. Rache ist kein Ausweg, sondern eine Spirale nach unten. In dieser Woche will ich Jesus meine Rache hinhalten und zuhören, was er mir dazu sagen will.

Zum Thema **Rache** finde ich in der Bibel folgende Texte: Psalm 28; Sprüche 20,22; Matthäus 5,38-42; Römer 12,17-21; 1.Thessalonicher 5,15; 2.Thessalonicher 1,6-10; 1. Petrus 3,8-12.

30

Vergebung wagen

Ertragt euch gegenseitig, und vergebt einander, wenn einer dem anderen etwas vorzuwerfen hat. Wie der Herr euch vergeben hat, so vergebt auch ihr!

KOLOSSER 3,13

Das Gegenteil von einem rachsüchtigen Denken und Verhalten ist ein Leben, in dem Vergebung praktiziert wird. Vergebung reinigt Beziehungen, macht einen Neuanfang möglich, setzt mich und den anderen frei und verhindert, dass sich zersetzender Groll und zerstörerische Bitterkeit in mein Herz fressen.

Obwohl ich das alles weiß, fällt es mir manchmal so schwer, über meinen Schatten zu springen und zu vergeben. Das mag daran liegen, dass die Verletzungen, die der andere mir zugefügt hat, so tief sind. Es mag daran liegen, dass ich genau weiß, dass der andere aus seiner Haut nicht herauskann und mir den gleichen Schmerz morgen wieder zufügen wird. Vielleicht beteuert er heute sogar, sich zu ändern, wenn ich ihn auf sein Fehlverhalten anspreche – im tiefsten Grunde meines Herzens aber weiß ich, dass er sein Versprechen nicht halten wird oder halten kann. Es mag auch daran liegen, dass ich in dem Augenblick, in dem ich Vergebung gewähre, meine Macht über den anderen verliere. Ich kann ihn mit meinen Vorwürfen nicht mehr kleinhalten und ihn meine moralische Überlegenheit nicht mehr spüren lassen. Viel-

leicht liegt es auch daran, dass ich meine Opferhaltung aufgeben muss, wenn ich vergebe. Ich habe niemanden mehr, dem ich die Schuld für meine Misere geben könnte. Dann würde ich vielleicht sehr schnell merken, dass nicht der andere Schuld daran ist, dass manches in meinem Leben so schiefläuft, sondern ich ganz allein dafür verantwortlich bin. Ich müsste erkennen, dass nur ich ganz allein dafür zuständig bin, dass sich mein Leben zum Guten hin verändert. Möglicherweise erahne ich die Herausforderungen und die Anstrengungen, die solch ein Veränderungsprozess mit sich bringen würde, und verharre lieber in meiner bequemen Opferhaltung, die dem anderen Vorwürfe macht.
Jesus sieht all den Schmerz, den ich mir durch meine Vorwurfshaltung und Bitterkeit selbst zufüge. All die verpassten Chancen, all das Glück, das ich mir selbst verwehre, all die Türen, die ich mir selbst zuschlage. Er kommt in meinen Schmerz, zieht mich ganz eng an sich und reicht mir seine Hand, damit ich mit ihm neue Wege beschreite.

In dieser Woche will ich Jesus meine Unfähigkeit zu vergeben hinhalten. Vor ihm will ich mein »Es tut so weh!« herausschreien und herausweinen. All die Ungerechtigkeit, alle Gemeinheiten, alle Schmerzen, alles Übergangenwerden, allen Betrug und alle Enttäuschung will ich ihm sagen. Diese offenen Wunden werde ich ihm hinhalten und ihn bitten, sie zu verbinden und mich zu heilen. Und dann werde ich mutig sein und einen Schritt in Richtung Vergebung gehen. Vielleicht spüre ich sofort so etwas wie Befreiung und die Wohltat, wenn mir die Stricke des Grolls und der Bitterkeit nicht mehr ins Fleisch schneiden. Vielleicht spüre ich aber auch gar nichts und fühle mich geradezu gegen den Strich gebürstet, weil ich nun aufgefordert werde, dem anderen zu vergeben. Dennoch will ich den Weg der Vergebung beschreiten. Ich werde das tun, weil ich Jesus liebe und ihm diene. Ihm kann ich uneingeschränkt glauben und vertrauen, dass er nur Gutes für mich und mein Leben will. Und wenn das Gute bedeutet, dass ich vergebe, dann werde ich zumindest versuchen, es zu tun!

Zum Thema **Vergebung wagen** finde ich in der Bibel folgende Texte: Matthäus 5,21-26; Matthäus 6,12.14-15; Matthäus 18,21-35; Epheser 4, 26-27.31-32; Hebräer 12,14-15; 1. Petrus 4,7-8; 1. Johannes 4,19-21.

31

Vergeben und dennoch Grenzen setzen

Doch Gott, der Herr, wird mir helfen; darum werde ich nicht in Schande enden. Deshalb mache ich mein Gesicht hart wie einen Kiesel; ich weiß, dass ich nicht in Schande gerate. Er, der mich freispricht, ist nahe. Wer wagt es, mit mir zu streiten?

JESAJA 50,7-8

Vergebung soll uns in erster Linie helfen, unser Inneres frei zu halten von Groll und Bitterkeit, und eine Tür öffnen, damit eine Beziehung geheilt und wieder möglich wird. Letzteres ist aber nicht immer machbar, weil der andere möglicherweise an seinem Fehlverhalten, an seinen Intrigen, an seinem verzerrten Denken und an seinen zerstörerischen Worten und Taten festhält. Auch wenn wir dann an der Praxis des Vergebens um unserer selbst willen festhalten sollen, kann es sein, dass wir uns dennoch vor solchen Menschen schützen und uns gegen sie zur Wehr setzen müssen. Wir können vergeben, aber den anderen dennoch klar und deutlich in seine Schranken weisen und ihm seine Grenzüberschreitungen verbieten. Schaue ich mir Jesus an, sehe ich, dass er im Umgang mit seinen Erzfeinden, den Pharisäern, sehr klare und deutliche Worte gefunden hat, um sie zurechtzuweisen. Er hat sich nicht geduckt und hat durchaus nicht alles auf sich sitzen lassen. Als er sich am Ende seines Lebens dann in ihre Hände gab, tat er das aus freien Stücken, und nicht, weil *sie* ihn zum Opfer gemacht hätten.

Wie können wir uns schützen? Zum einen, indem wir verbal und praktisch Grenzen setzen, die dem anderen Übergriffe in unser Leben verwehren. Zum anderen, indem wir uns eine gesunde Dickfelligkeit zulegen und lernen, manches an uns abprallen zu lassen. Nicht alles, was der andere von sich gibt, meint wirklich uns. Wir brauchen uns nicht alles »reinzuziehen«, was er sagt, denn manches entspringt seinem verzerrten Denken und ist eher sein Problem als unseres. Als letztes Mittel, uns zu schützen, bleibt uns noch der Rückzug von Menschen und ein Beschränken des Kontaktes auf das Notwendigste.

In dieser Woche will ich mich weiter dem Thema Vergebung widmen, aber verstärkt ein Augenmerk auf die Menschen in meinem Leben richten, vor denen ich mich schützen muss. Es gibt in meinem Leben Beziehungen, die mir nicht guttun, und Menschen, die mich permanent angreifen und attackieren. Menschen, die meine Grenzen nicht achten, sondern immer wieder gewaltsam in mein Leben einbrechen. Ich habe Angst vor diesen Menschen und fühle mich ihnen schutzlos ausgeliefert. In dieser Woche will ich Jesu »Steh auf« in mein Leben hinein in besonderer Weise hören. Vielleicht mutet er mir zu, einen bestimmten Menschen in meinem Leben zu ertragen und auszuhalten. Dann werde ich mir konkrete Schritte überlegen, wie ich mich in diesem Rahmen dennoch vor den Übergriffen dieses Menschen schützen kann. Diese Schritte werde ich mit Stärke und Konsequenz durchsetzen. Vielleicht macht Jesus mir auch deutlich, dass ich mich von Menschen und Beziehungen, die mir schaden, distanzieren und verabschieden muss. Dann werde ich auch an dieser Stelle konsequent sein. Dabei werde ich darauf achten, dass mein Verhalten nicht von Hass und Rachegedanken gesteuert ist, sondern von geistlicher Stärke und der Bereitschaft, auch in diesem Lösungsprozess Vergebung zu üben.

Zum Thema **Vergeben und dennoch Grenzen setzen** finde ich in der Bibel folgende Texte: Psalm 35; Jesaja 51,12-16; Hesekiel 3,4-10; Matthäus 18,15-17; Matthäus 23,13-33; Apostelgeschichte 15,36-41; Timotheus 3,1-5.

32

Mir selbst vergeben

Wer kann die Auserwählten Gottes anklagen?
Gott ist es, der gerecht macht.

RÖMER 8,33

Oft fällt es mir leichter, anderen zu vergeben als mir selbst. Dass ich einen anderen verletzt und ihm Schaden zugefügt habe, dass ich durch mein Verhalten Beziehungen zerstört oder mich in einer bestimmten Situation einfach nur saublöd verhalten habe, kann mich noch tagelang, ja vielleicht sogar monate- oder jahrelang verfolgen.

Lange Zeit ging mir eine ganz und gar hässliche Szene, die schon viele Jahre zurückliegt, nicht aus dem Kopf. Wir waren mit drei kleinen Kindern in Italien im Urlaub, und mit dem vierten war ich gerade hochschwanger. Es war Abend, und hinter uns lag ein schöner, aber anstrengender Tag am Strand. Wir waren alle müde, hungrig und verschwitzt, und Sand und Salzwasser klebten an unserer Haut. Mein Mann übernahm das Kochen, während ich dafür sorgen wollte, dass alle Kinder abgeduscht und in Schlafanzüge gesteckt am Abendbrottisch sitzen konnten. Einer unserer Söhne, damals ca. vier Jahre alt, machte Theater ohne Ende und brüllte das ganze Haus zusammen, weil er partout nicht in der Wanne bleiben und erst recht nicht abgeduscht werden wollte. Ich war nach einem anstrengenden Tag total geschafft und mit meinen Nerven am Ende. Ich holte zu einem Klaps aus, der, vermutlich wegen meiner angestauten Wut, zu heftig ausfiel, sodass mein Sohn mit dem Kopf gegen den Wannenrand schlug. Das war kein Klaps, das war ein Schlag gewesen! Das Gebrüll ging jetzt natürlich erst recht los. Es dauerte nur den Bruchteil einer Sekunde, da tat mir mein ungezügeltes und unbeherrschtes Verhalten schon unendlich leid. Ich nahm schnell das Badetuch, wickelte meinen Sohn darin ein, hob ihn aus der Wanne und nahm ihn auf den Schoß. Während ich ihn hin und her wiegte und er noch laut vor sich hin schluchzte, sah ich, dass eine kleine Ecke des rechten Schneidezahns beim Aufprall auf den Wannenrand abgebrochen war. Ich war vor Entsetzen wie gelähmt: So nah war ich also ab einem gewissen Grad der Überbeanspruchung am Thema Kindesmisshandlung dran!

Jahre später noch stand mir die ganze Szenerie vor Augen und setzte mir zu. Immer wieder machte ich mir Vorwürfe und fragte mich: Warum nur konntest du dich in dieser oder ähnlichen Situationen nicht besser beherrschen? Was hast du bei deinen Kindern damit angerichtet? Scham und mich selbst zerfleischende Vorwürfe kreisten immer wieder in meinem Kopf und in meiner Seele. Ich bat Jesus wiederholt um Vergebung – aber Ruhe fand ich trotzdem nicht. Ich bat meine Kinder um Vergebung, die sie mir gerne gewährten – aber die erhoffte Erleichterung trat trotzdem nicht ein. Irgendwann merkte ich: Ich kann mir selbst diese Entgleisungen nicht vergeben. Ich wäre so gerne die perfekte Mutter gewesen, aber nun hatte mein Selbstbild ein paar dicke Kratzer abbekommen. Der Teufel nutzte meinen Stolz, zwang mich immer wieder in die Knie und hielt mir vor Augen, wie schlecht ich doch sei. Irgendwann habe ich dann den oben zitierten Bibelvers gelesen und verstanden: Wenn Gott, der höchste Richter, mich gerecht spricht, dann bin ich wirklich frei und nichts und niemand hat mehr einen

Anlass, mich anzuklagen. Jesus hat meine Schuld bezahlt, die Strafe liegt auf ihm – ich brauche mich nicht mehr selbst durch Scham- und Schuldgefühle zu bestrafen. Er öffnet die Tür meines Gefängnisses und lädt mich ein, in die Freiheit zu treten. Folge ich seiner Einladung oder ziehe ich es vor, als Gefangene weiterzuleben?

In dieser Woche will ich mich von Jesus auf Schuld in meinem Leben aufmerksam machen lassen, die ich mir selbst nicht vergeben kann. Situationen, die ich »vermurkst«, Beziehungen, die ich zerstört, verletzende Worte, die ich gesprochen habe und die sich nie wieder zurückholen lassen. Verhaltensweisen, die der Teufel immer wieder hervorkramt, um sie mir in »passenden« Momenten, wenn ich sowieso schon am Boden liege, unter die Nase zu reiben. Wie ein nicht heilendes, schmerzhaftes Geschwür brechen diese Dinge immer wieder auf.
In dieser Woche werde ich üben, einen geistlichen Weg im Umgang mit meiner Schuld zu beschreiten. Ich werde vor Jesus, so ich es noch nicht getan habe, meine Schuld konkret benennen und bekennen. Sodann werde ich sein Wort für mich in Anspruch nehmen, welches mir zusagt, dass er mir vergibt (1. Johannes 1,9). Möglicherweise werde ich das in Gegenwart einer Person meines Vertrauens tun – vor Zeugen ausgesprochen, haben diese Worte für meine Seele mehr Gewicht und können mir später nicht mehr so leicht entrissen werden. An der mir gegebenen Zusage werde ich mich mit Disziplin festklammern. Diese Disziplin werde ich brauchen, weil die alten, anklagenden Gedanken mich immer wieder heimsuchen werden. Ich werde ihnen ein deutliches, souveränes NEIN entgegensetzen, ihnen keinen Raum mehr geben und sie auf die Verheißung und an Jesus verweisen. Sollen sie sich doch mit dem auseinandersetzen, der meine Schuld getragen hat – ich bin ab jetzt die falsche Adresse.

Zum Thema **Mir selbst vergeben** finde ich in der Bibel folgende Texte: Psalm 51; Jesaja 53,5-6; Römer 8,31-39; Kolosser 2,14-15; Jakobus 5,16; 1. Johannes 1,8 bis 2,2; 1. Johannes 3,19-20.

33

Für Fehler Verantwortung übernehmen

Da bekannte ich dir meine Sünde und verbarg nicht länger meine Schuld vor dir.

PSALM 32,5A

Es gibt verschiedene Wege, mit Schuld umzugehen. Der Weg, der uns geistlich weiterbringt und uns ein befreites Leben ermöglicht, heißt, wie schon erwähnt: bekennen, Vergebung empfangen, Vergebung annehmen und festhalten. Wenn wir diesen Weg nicht gehen, suchen wir uns automatisch andere Wege, um mit unserem Versagen fertig zu werden. Einer der beliebtesten Wege heißt: sich rechtfertigen. Nach dem Motto: »Weil der andere … darum habe ich.« Oder: »Weil diese Situation so kompliziert, so schwierig und so belastend war, darum habe ich mich so und so verhalten.« Diese Vorgehensweise kann insofern hilfreich sein, als sie das Maß unserer Schuld in ein richtiges Verhältnis bringt, uns hilft, uns selbst in einem barmherzigen Licht zu sehen, und uns schützt, uns selbst überdimensional viel Schuld an einer eskalierenden Situation zu geben. Wer zu übertriebenen Selbstbezichtigungen neigt, für den kann der Blick auf den gesamten Zusammenhang eines Geschehens helfen, ein wenig gelassener mit dem eigenen Versagen umzugehen und sich nicht immer zum Sündenbock abstempeln zu lassen.

Davon abgesehen besteht aber die Gefahr, dass wir uns diese Schuldzuweisung an andere und Selbstrechtfertigung angewöhnen und damit die Macht, unser eigenes Leben zu gestalten und zum Guten zu verändern, aus der Hand geben. Wenn ich mich selbst als jemanden sehe, der immer nur auf andere *reagiert*, mache ich mich zum Opfer und Spielball des anderen, der Unrecht getan hat. Ich bringe mich selbst in Unfreiheit und Abhängigkeit von ihm. Die Würde, frei und selbstbestimmt zu handeln, gebe ich damit auf. Und: Ich beraube mich der Möglichkeit, etwas zu ändern. Ändern kann ich letztlich nur mein eigenes Fehlverhalten. Den anderen zu verändern liegt nicht in meiner Macht. Dafür muss ich meine Schuld aber glasklar in Augenschein nehmen, sie eingestehen und mir Wege überlegen, wie es beim nächsten Mal besser gehen kann.

In dieser Woche werde ich es mir nicht gestatten, anderen die Schuld an meinem Fehlverhalten und an manchem Nichtgelingen in meinem Leben zu geben. Vielleicht habe ich es mir angewöhnt, mich als Opfer zu sehen. Immer sind es die anderen, die schuld sind, dass ich vieles nicht unter die Füße bekomme, dass ich versagt habe und dass ich Situationen nicht ändere, die ich durchaus zum Guten verändern könnte. Ich habe die Verantwortung für mein Leben komplett in die Hände anderer Menschen gelegt und mein Selbstbestimmungsrecht verloren. In dieser Woche will ich dieses verlorene Land und damit meine Würde zurückerobern. Ich werde mutig zu meinem Versagen und zu meiner Schuld stehen, meinen Anteil an zerstörerischen und verworrenen Situationen in meinem Leben bekennen und dafür Verantwortung übernehmen. Ich werde merken, dass mir daraus wieder Kraft und Stärke zuwachsen und ich an Handlungsspielraum gewinne. Diesen will ich nutzen, um mit Jesus gemeinsam Wege der Veränderung zu suchen.

Zum Thema **Für Fehler Verantwortung übernehmen** finde ich in der Bibel folgende Texte: 1. Mose 3,1-13; 2. Samuel 11-12; Psalm 51; Esra 9,5-15; Lukas 15,11-32; Römer 3,9-20; 1. Johannes 1,8-10.

34

Im Licht Gottes stehen

Gott ist Licht und keine Finsternis ist in ihm. Wenn wir aber im Licht leben, wie er im Licht ist, haben wir Gemeinschaft miteinander, und das Blut seines Sohnes Jesus reinigt uns von aller Sünde.

1. JOHANNES 1,5B.7

Wenn wir aufhören, Schuld zu verdrängen oder zu beschönigen, wenn wir all unsere Abwehrmechanismen und Selbstverteidigungsstrategien fallen lassen und echt werden, treten wir aus dem zwielichtigen Dunkel ins Licht. Ich erinnere mich an Predigten, in denen gesagt wurde, dass Gott mit seinem Licht gnadenlos jeden noch so finsteren Winkel unseres Herzens ausleuchtet und jede versteckte Sünde ans Licht bringt. Ich hatte dann immer die grellen Suchscheinwerfer vor Augen, mit denen außerhalb der Gefängnismauern der entlaufene Häftling aufgespürt werden soll. Oder einen kahlen, hässlichen Raum, in dem sich im grellsten Licht einer Lampe ein fast nackter Gefangener der Leibesvisitation von Wärtern unterziehen muss. Abschreckende, demütigende und Angst machende Bilder, denen ich heute keinen Raum mehr gebe.

Ich glaube, dass das Licht Gottes, in das ich trete, ein gnädiges, warmes Licht ist. Es ist das Licht der aufgehenden Sonne, welches einen neuen Tag und das Erwachen allen Lebens ankündigt. Endlich ist die Nacht mit all ihren Schrecken und Ängsten vorbei.

Es ist das helle, klare Licht des Mittags, das meinen Schattenwurf auf ein Minimum reduziert. Das Dunkel in meinem Leben, das wiederum Dunkelheit auf das Leben anderer wirft und ihnen eine klare Sicht verwehrt, schrumpft in Gottes Gegenwart auf eine bedeutungslose Größe zusammen.
Es ist das milde Licht des Nachmittags und frühen Abends, welches zur Ruhe nach getaner Arbeit führt. Ein Licht, in dem ich ausruhen und neu Kraft tanken kann.
Es ist das Licht der untergehenden Sonne, das Konturen verwischt und alles Leben in einen geheimnisvollen Glanz taucht. Ein prachtvolles Farbenspiel, das verzaubert. In diesem Licht werden auch die hässlichsten Dinge in meinem Leben in Schönheit verwandelt. Nicht, weil sie an sich schön wären, das sind sie nicht, sondern weil Gott sie in sein wunderbares, gnädiges Licht hüllt.
Das Licht Gottes ist ein zartes, weiches Licht – hell genug, um alles sehen zu können, aber so mild, dass es nicht bloßstellt oder blamiert. Staunend stehe ich da und lasse mich von den wärmenden Strahlen einhüllen.

In dieser Woche will ich mich mit allem, was in mir ist, in das Licht Gottes stellen. Ich werde zulassen, dass dieses Licht mich wärmt, neues Leben schafft, Dunkelheit vertreibt und Klarheit bringt. Ich werde nicht zulassen, dass die Angst mir zuflüstert, das Licht Gottes sei grell, gnadenlos und würde mich einer Reihe endloser Demütigungen aussetzen. Diese Angst kommt nicht von Gott und soll mich nur davon abhalten, mit all meiner Dunkelheit in sein Licht zu treten. Gott selbst ist Licht und keine Finsternis ist in ihm – keine Gemeinheiten, keine Sticheleien, kein eisiges Schweigen, keine ungerechten Vorwürfe und kein Herumreiten auf alten Fehlern kommt von ihm.

Wenn ich in sein Licht trete, werde ich meine Schuld in ihrer Größe und in ihrem ganzen Ausmaß erkennen. Mir wird all der Schmerz, den ich mir selbst, anderen und Jesus zugefügt habe, vor Augen stehen. Das wird wehtun und gleichzeitig befreiend und heilsam sein. Ich werde bittere Tränen vergießen und mich dann in die ausgebreiteten Arme von Jesus werfen.

Zum Thema **Im Licht Gottes stehen** finde ich in der Bibel folgende Texte: Psalm 36,8-10; Psalm 89,16-18; Johannes 3,19-21; 1. Korinther 4,5; Epheser 5,8-14; Hebräer 4,14-16; 1. Petrus 2,9-10.

35

Von falschen Schuldgefühlen frei werden

Du hast mir Recht verschafft und für mich entschieden, dich auf den Thron gesetzt als ein gerechter Richter.

PSALM 9,5

Echte Schuld kann uns sehr bedrängen, aber unberechtigte Schuld*gefühle* auch. Frauen sind weitaus anfälliger für diese Schuldgefühle als Männer. Frauen fühlen sich schuldig, wenn sie arbeiten gehen, statt zu Hause zu bleiben – den Kindern könnte etwas fehlen. Frauen fühlen sich schuldig, wenn sie zu Hause bleiben und *nicht* arbeiten gehen – wahrscheinlich sind sie zu sehr Glucke und die Kinder werden total unselbstständig. Und für das Mehr an Zeit gegenüber den Berufstätigen fühlen sie sich auch schuldig. Frauen fühlen sich schuldig, wenn die Kinder schlechte Noten nach Hause bringen, sich grauenhaft benehmen oder auf die schiefe Bahn geraten. Im schlimmsten Fall fühlen sich Frauen schuldig oder dafür verantwortlich, wenn der Partner trinkt, schlägt, fremdgeht oder sonstige unannehmbare Verhaltensweisen an den Tag legt. Sie geben sich selbst die Schuld daran und glauben, sie hätten nichts anderes, nichts Besseres verdient.

In der Bibel taucht Gott immer wieder auf als der, der Recht spricht, der geraderückt und der mit starker Hand eingreift, um uns von Unterdrückung zu befreien. Ich will mir Gottes Perspektive über mein Leben aneignen und ihn

Recht sprechen lassen. Da, wo mich falsche Schuldgefühle niederdrücken, will er mich wieder aufrichten. Er selbst tritt in den Kampf ein gegen all die Gedanken, Gefühle und Menschen, die mich kleinhalten wollen, die die Wahrheit verdrehen und die mir Lasten auf die Schultern legen. Der starke Held ist schon unterwegs auf dem Weg zu mir …

In dieser Woche will ich zulassen, dass Gott als der Rechtsprecher in mein Leben tritt. Ich werde ihm all die Situationen bringen, für die ich mich zu Unrecht verantwortlich fühle. Da gibt es manche Begebenheit aus meiner Kindheit, von der ich zutiefst überzeugt bin: »Ich bin schuld!« Die Scheidung der Eltern, der Missbrauch, das nicht zu stoppende Suchtverhalten eines Elternteils oder Krankheit und Tod eines von mir sehr geliebten Menschen. Vielleicht hat man mir diese Schuld zugewiesen, vielleicht habe ich es auch selbst getan, weil ich in meinem kindlichen Denken kein anderes Erklärungsmodell hatte. In meine Seele hat sich ganz tief ein »Wenn ich doch nur« eingebrannt. Wenn ich doch nur besser aufgepasst, mich mehr angestrengt hätte oder einfach nur »lieber« gewesen wäre. Dann hätte ich all das verhindern können. Vielleicht haben sich diese Schuldgefühle so sehr in mir festgefressen, dass ich mich auch heute, als erwachsene Frau, immer verantwortlich fühle, wenn Dinge nicht gut laufen oder einem meiner Lieben Schweres widerfährt. Und auch heute spreche ich noch mein »Wenn ich mich nur mehr anstrenge, dann …«. Ich bin müde und erschöpft, weil ich nicht in der Lage bin, Verantwortung da zu lassen, wo sie hingehört, und dem anderen die Konsequenz für sein Fehlverhalten zuzumuten. Ich meine immer noch, ich müsste retten und versuchen, alles in Ordnung zu bringen. Vielleicht wage ich nicht, mich aus zerstörerischen Situationen zu befreien, weil ich meine, ich hätte nichts Besseres verdient.

In dieser Woche will ich Gott bitten, mir die Augen zu öffnen, mich in die Wahrheit zu führen und einen Befreiungsschlag auszuführen gegen alles, was mich zerstört. Und dann werde ich an seiner Hand mein Gefängnis verlassen!

Zum Thema **Von falschen Schuldgefühlen frei werden** finde ich in der Bibel folgende Texte: Psalm 3,4; Psalm 34,1-9; Jesaja 61,1-3.8.10-11; Hesekiel 34,15-22; Johannes 8,31-32.36; Römer 14,1-23; Galater 5,1.13.

36

Mein Frömmigkeitsstil

Der eine bevorzugt bestimmte Tage, der andere macht keinen Unterschied zwischen den Tagen. Jeder soll aber von seiner Auffassung überzeugt sein.

RÖMER 14,5

Vor ein paar Jahren wuchs bei mir die Sehnsucht nach neuen geistlichen Impulsen. Ich kam mir vor, als stünde ich seit Jahrzehnten vor einem riesigen Rembrandtgemälde immer an ein und derselben Stelle und würde dieses Bild auch immer nur aus dieser Perspektive betrachten. Immer den gleichen Ausschnitt, immer die gleichen Figuren und Farbspiele. Ich bekam mit einem Mal Lust, meinen Blickwinkel zu verändern, Neues auf diesem riesigen Gemälde zu entdecken, neue Bilder und neue Farben in der Überzeugung, dass das Reich Gottes weitaus größer war als der Ausschnitt, den ich betrachtete.

Aus diesem Veränderungswillen heraus nahm ich an einem Seminar teil, bei dem jeweils vor den Mahlzeiten die Möglichkeit bestand, an Tageszeitgebeten teilzunehmen. Der Raum war hell und lichtdurchflutet, auf Tüchern in zarten Farben standen jede Menge entzündete Kerzen und symbolträchtige Gegenstände. Leise, klassische Musik lief im Hintergrund – ansonsten herrschte absolute Stille. Das war für mich eine Wohltat, ist es doch vor Beginn der Gottesdienste in meiner Gemeinde häufig laut und unruhig, weil man hier noch etwas abspricht, da noch jemanden begrüßt und etliche zu spät kommen. Nach einiger Zeit wurden Bibeltexte und Gebete gelesen, die sich morgens, mittags und zur Nacht immer wiederholten. Wie habe ich es genossen, immer dieselben Texte wie alte Bekannte wiederzutreffen. Wie angenehm war es, Gottes segnende Gegenwart zugesprochen zu bekommen, ohne dass ich aufgefordert wurde, mein eigenes Leben angesichts der Bibeltexte zu reflektieren. Es war herrlich, einfach nur taten- und gedankenlos vor Gott zu sitzen und sich in Worte, die andere längst gefunden hatten, fallen zu lassen. Das zum Schluss gesungene Lied war einfach, schlicht und wurde ohne jede Begleitung angestimmt. Kein Lobpreis, wie er bei uns sonst üblich ist, sondern eine zur Ruhe führende, schlichte Melodie. Noch ein Moment der Stille, und dann gingen wir alle wieder unserem Tagwerk nach.

Es gab viele Frauen, die mit diesem Ritual gar nichts anfangen konnten, weil es nicht zu ihnen passte. Für mich aber war es, als hätte Jesus ein Fenster aufgestoßen und meine Seele kräftig durchgelüftet. Ich spürte: Für meine Frömmigkeit und für mein geistliches Leben brauche ich mehr Stille, mehr Symbolik, mehr Rituale und mehr Zuspruch statt Herausforderung. Ich brauche weniger Umtriebigkeit, weniger Projekte und aufreibende Mitarbeit, dafür mehr Sein vor Gott und Kontemplation.

Nach diesem Erleben weiß ich: Es gibt einen Teil meiner »geistlichen Seele«, der bis jetzt zu kurz gekommen ist. Ihn werde ich in Zukunft durch eine andere Form der stillen Zeit, durch stärker meditativ geprägte Literatur und adäquate Begegnungen mit anderen Menschen nähren.

In dieser Woche will ich der Frage nachspüren, ob mein Frömmigkeitsstil, mein »geistliches Nest«, tatsächlich das ist, was zu mir

passt. Vielleicht bin ich in diese Tradition hineingeboren und man hat mir immer vermittelt, meine Kirche, meine Gemeinde und ihre Art Glauben zu verstehen und zu leben sei die einzig richtige oder zumindest die beste. Möglicherweise habe ich nie gewagt, gegen dieses Denken aufzubegehren, fühle mich aber nicht gesättigt und trage in mir eine Sehnsucht nach etwas anderem. In dieser Woche will ich mir Zeit nehmen, dieses »andere« genauer zu benennen. Was genau fehlt mir? Wonach sehne ich mich?
In dieser Woche will ich mir ansehen, auf welch verschiedene und vielfältige Weise Menschen in der Bibel Gott begegnet sind, und mich davon inspirieren lassen. Der Leib Christi ist bunt und facettenreich. Ich will die Angst abstreifen, dass die Beschäftigung mit einem anderen Frömmigkeitsstil, mit einer anderen Art zu glauben »gefährlich« sei und mich vom rechten Weg abbringen könnte. Ich werde meine Sehnsucht nicht knebeln, sondern mich umschauen, ob es möglicherweise ein geistliches Umfeld gibt, was derzeit besser zu mir passt. Vielleicht reicht es meiner Seele schon, wenn ich das Bisherige durch andere Impulse ergänze.

Zum Thema **Mein Frömmigkeitsstil** finde ich in der Bibel folgende Texte: 2. Samuel 6,12-19; 2. Chronik 6,12-14 und 7,1-10; Nehemia 9,1-5; Psalm 150; 1. Korinther 12,12-14.18-20; 1. Korinther 14,26-40; Epheser 4,1-6.

37

Ehrfurcht vor Gott

Kommt, lasst uns niederfallen, uns vor ihm verneigen, lasst uns niederknien vor dem Herrn, unserem Schöpfer.

PSALM 95,6

Seit ich in einem katholischen Kirchenchor mitsinge, besuche ich im Rahmen meines Chorgesanges immer mal wieder die eine oder andere katholische Messe. Ich armer, von keinerlei Kenntnissen getrübter Freikirchler muss mich da regelrecht einarbeiten. Ich weiß nicht, wann ich was sagen muss, und mir bleibt gar nichts anderes übrig, als immer zu den anderen hinüberzuschielen, damit ich nichts verpasse und womöglich als Einzige stehe, wenn alle sitzen, oder als Einzige sitzen bleibe, wenn alle sich erheben.

Was mich in der katholischen Kirche beeindruckt, ist die Ehrfurcht vor Gott, die sich in vielerlei Handlungen ausdrückt. Das Wort Gottes wird vom Pastor vor der Lesung geküsst, und er verbeugt sich immer wieder vor dem Altar und vor Brot und Wein. Bei Gebet und Textlesung steht man auf – denn wer lümmelt schon in der Kirchenbank herum, wenn er mit Gott spricht oder kostbare Gottesworte hört?

Ich entstamme mehr einer Frömmigkeit Marke »Du-kannst-mit-Gott-überall-sogar-auf-dem-Klo-und-im-Auto-reden«. Das hat sicher seine starken Seiten, aber die Ehrfurcht vor Gott bleibt dann doch schnell mal auf der Strecke. In der katholischen Kirche ist Gott der Erhabene, der ganz Andere, der Besondere, der Heilige, der, der sich von unserem Alltag deutlich unterscheidet. Deswegen sehen katholische Kirchen eben auch wie Kirchen und nicht wie Wohnzimmer aus, und die Pastoren tragen besondere Gewänder und gleichen nicht dem netten Versicherungsmenschen, der mich immer mal wieder heimsucht. Kommt man in eine katholische Kirche, *soll* man spüren, dass Gott der ganz Andere ist, zu dem wir eigentlich nicht passen und dessen fremde Welt wir auch nur mit ganz viel Respekt und Ehrfurcht betreten dürfen. Bei uns *soll* man spüren, dass jeder kommen kann, wie er ist – alltäglich und normal, und dass er nicht erst eine fromme Metamorphose durchlaufen muss, um Gott zu begegnen. Das mag ich sehr, aber in der katholischen Kirche habe ich wiederentdeckt, dass mir etwas abhandengekommen ist: die Ehrfurcht vor der Erhabenheit Gottes. Und dafür bin ich sehr dankbar!

In dieser Woche werde ich Gott selbst und allem, was von ihm kommt, Ehrfurcht, Achtung und Respekt entgegenbringen. Ich will mich ihm gegenüber in Demut üben: Er ist Gott, und ich bin nur ein Mensch. Dabei werde ich darauf achten, dass sich in meine Ehrfurcht keine Angst und in meine Demut keine falsch verstandene Selbstabwertung mischt. Meine Ehrfurcht gründet in dem Wissen, dass Gott der vollkommene, absolut gerechte, weise und liebevolle Gott ist, bei dem nur Licht und keine Finsternis wohnt. Meine Demut gründet darin, dass ich mir meiner Stellung ihm gegenüber bewusst bin: immer Kind, was dem Vater vertrauen kann und muss, weil es selber vieles nicht versteht. Immer Diener und nicht Herr. Immer Geschöpf und nicht Schöpfer. Immer Anbeterin und nicht Angebetete. Immer Abhängige, die nur durch und mit seiner Liebe und Zuwendung leben kann. In dieser Woche werde ich viel Raum schaffen, um ihn anzubeten!

Zum Thema **Ehrfurcht vor Gott** finde ich in der Bibel folgende Texte: Psalm 29; Sprüche 3,5-8; Jesaja 6,1-7; Jesaja 45,9-12; Hosea 11,9; Micha 6,6-8; Offenbarung 4-5.

38

Stark durch die Kraft des Herrn

> *Werdet stark durch die Kraft und Macht des Herrn!*
>
> EPHESER 6,1

Mit diesem Vers leitet Paulus seinen bekannten Text über die geistliche Waffenrüstung ein. Wenn es um Schutz vor den Übergriffen anderer Menschen geht, brauchen wir im Alltag und in unserem praktischen Leben Gottes Hilfe. Manchmal brauchen wir auch vor uns selbst Schutz, weil wir uns in dem, wie wir mit uns umgehen und mit uns reden, oft selbst der größte Feind sind.

Menschen, die uns permanent zusetzen, Probleme, die sich anhäufen und irgendwann wie Wellen über uns zusammenschlagen, sind Dinge, die der Feind nutzt, um uns zu schwächen, in den Staub zu treten und uns Zuversicht und Hoffnung zu rauben. Deswegen wird jede Belastung, jeder Konflikt, jede Krise ganz schnell zu einem geistlichen Kampffeld, auf dem uns auch nur eine geistliche Rüstung schützt. Wenn wir meinen, wir kämen ohne diesen geistlichen Schutz aus, ist das naiv. Ungeachtet dessen verhalte ich mich oft so, als müsste ich alleine klarkommen. Ich meine, ich schaffe es schon, pumpe die letzten Reserven aus mir heraus und kämpfe mit *meiner* Kraft, was das Zeug hält.

Aber Gott schubst uns nicht auf das Schlachtfeld und feuert uns an, stark und mutig zu sein, sondern er sagt: »Werdet stark durch *meine* Macht und Kraft.« Ich kann ihm meine Schwachheit bringen und ihn bitten, mich mit seiner Stärke auszurüsten.

In dieser Woche will ich mich in besonderer Weise mit der geistlichen Waffenrüstung beschäftigen. Ich brauche zu meinem Schutz die Wahrheit, weil es Menschen gab und gibt, die Lüge in mein Leben hineingesät haben. Vielleicht wurde mir gesagt, dass ich wert- und nutzlos bin, alles falsch mache oder Gott mich nicht lieben kann, wenn ich mich so oder so verhalte. Die Wahrheit, nämlich Gottes gute Gedanken über mich, hilft mir, diese Lügen abzuwehren. Ich muss mich mit Gerechtigkeit schützen, weil andere oder ich selbst mich immer wieder anklagen. Trage ich den Panzer der Gerechtigkeit, kann ich diese Vorwürfe zurückweisen, denn ich lebe nicht davon, dass ich alles richtig mache, sondern davon, dass Gott mich in den Mantel seiner Gnade hüllt und mich gerecht spricht. Ich brauche gutes Schuhwerk, denn das Evangelium vom Frieden braucht meinen ganzen Einsatz und meine Standfestigkeit. Der Schild des Glaubens schützt mich, wenn Angriffe mein Vertrauen auf Gott ins Wanken bringen wollen. Vielleicht erlebe ich im Moment eine extrem belastende Situation und habe den Glauben verloren, dass Gott meine Lage im Blick hat und eingreifen wird. Dann will ich mein Glaubensschild mit aller Kraft noch einmal hochreißen: Der Feind wird mich nicht in die Knie zwingen. Ich möchte den Helm des Heils gerne in Empfang nehmen, weil es in meinem Leben so viel Unheiles, Krankes und Zerstörtes gibt. Dass Jesus in meinem Leben Heil wirkt, habe ich bitter nötig. Und das Schwert des Geistes, nämlich das Wort Gottes, werde ich wieder neu in die Hand nehmen. Ich werde viel darin lesen, mir manches herausschreiben oder sogar auswendig lernen, denn nur wenn dieses Schwert geschärft und in Kampfsituationen sofort präsent ist, wird es etwas ausrichten können. Mit dem Wort Gottes in Herz und

Verstand kann ich meine Feinde zurückdrängen und Land zurückerobern.

Zum Thema **Stark durch die Kraft des Herrn** finde ich in der Bibel folgende Texte: Richter 6,11-16; Psalm 20,8-9; Psalm 149,4-9; 2. Korinther 10,3-6; 2. Korinther 12,7-10; Hebräer 12,1-3.12-13; 1. Petrus 5,6-11.

39

Mit Gefühlen umgehen

Legt den alten Menschen ab … und erneuert euren Geist und Sinn. Zieht den neuen Menschen an, der nach dem Bilde Gottes geschaffen ist in wahrer Gerechtigkeit und Heiligkeit.

EPHESER 4,22-24

Oft können sich die guten, befreienden und Heil bringenden Gedanken Gottes bei mir nicht durchsetzen, weil meine eigenen Gedanken ständig querschießen und meine Gefühle nicht mitspielen. In belastenden Situationen brechen in mir vielfältige Empfindungen auf: Sorgen, Ängste, Wut, Traurigkeit, Verzweiflung, Überlastungs- und Stressgefühle … Ich will mir diese Reaktionen gut anschauen, ihnen einen angemessenen Raum geben und sie keinesfalls verdrängen. Aber ich weiß, dass schmerzhafte Gefühle, die mich in belastenden Situationen packen, so dominant werden können, dass es mich schier zerreißt. Dann sind diese Empfindungen keine Hilfe zu Verarbeitung mehr, sondern erschweren es mir, mit den Schwierigkeiten fertig zu werden. Sie verhindern, dass ich trotz allem ein gewisses Maß an Gelassenheit und innerem Frieden beibehalte. Die gefühlte Belastung liegt dann weitaus höher als die reale Belastung. Heute wird uns oft vermittelt: Wenn du etwas *fühlst,* dann ist das auch so. Nicht dein Denken, nicht dein Wissen, nicht dein Verstand geben den Ausschlag, sondern wie du dich fühlst, ist wichtig. Und: Weil die Gefühle der Realität entsprechen, musst du ihnen folgen und sie in Handlungen umsetzen. Tust du das, was du *fühlst*, lebst du authentisch. Sind wir dieser Überzeugung, dann tun wir uns schwer damit, unsere Empfindungen an die Kandare zu nehmen, denn wir glauben ja zutiefst, wir müssten diesen Empfindungen uneingeschränkt Raum geben und sie ausleben. Aber wenn ich lernen will, belastende und schwierige Situationen meines Lebens gut zu bewältigen und zu ertragen, ist es dennoch wichtig zu lernen, meine eigene Gefühlswelt in den Griff zu bekommen. Meine Gefühle sind wie kleine Kinder, die ich an die Hand nehmen, führen, leiten und denen ich Grenzen aufzeigen muss. Sonst tanzen sie mir irgendwann auf dem Kopf herum!

Die Erkenntnis, dass belastende Situationen erträglicher werden und ich an Stärke und Stabilität gewinne, wenn ich gelernt habe, meine Gefühle mithilfe des Wortes Gottes zu leiten, leuchtet mir ein. Trotzdem tue ich mich schwer, diesen Rat zu befolgen. »Aber das geht doch nicht. Gegen meine Gefühle kann ich doch nichts machen«, sage ich dann. Oder: »Das habe ich doch schon versucht, aber es funktioniert einfach nicht.« Diesen Weg zu beschreiten erscheint mir unsäglich mühsam, denn er hat etwas mit Ausdauer, Disziplin und Übungsbereitschaft zu tun. Den alten Menschen ab- und den neuen anzulegen ist kein geistlicher Automatismus, sondern fest an meine Mitarbeit gekoppelt. Vielleicht könnte Jesus doch einfach seinen funkelnden Zauberstab hervorholen und mich in den sorglosen und unbeschwerten Zustand zurückversetzen? In meinem Leben schwingt er diesen Zauberstab oft nicht, sondern er entlässt mich in den Übungs- und Reifungsprozess, das Wort Gottes im Vertrauen auf ihn anzuwenden.

In dieser Woche werde ich mich mit Gefühlen, die mich belasten und die mir zu schaffen machen, auseinandersetzen und ihnen einen Raum geben, in dem sie sein und zur Sprache kommen dürfen. Aber ich werde nicht zulassen, dass sie mich vollständig in Beschlag nehmen und dominieren. Vor allem dann nicht, wenn ihr Wahrheitsgehalt fragwürdig ist und sie mir eine klare Sicht versperren. In dieser Woche will ich mich darin trainieren, meine Gefühle mithilfe des Wortes Gottes zu erziehen. Gerate ich beispielsweise durch eine bedrohliche Situation in einen Strudel von Angst, Sorge und Panik und male mir die Zukunft mit allen Schaurigkeiten, derer ich habhaft werden kann, aus, kann ich meine Gefühlswelt mithilfe des Wortes Gottes auf ihren Wahrheitsgehalt überprüfen. Dann finde ich beispielsweise einen Vers wie: »Wirf dein Anliegen auf den Herrn; der wird dich versorgen und wird den Gerechten in Ewigkeit nicht wanken lassen« (Psalm 55,23). Dieser Vers sagt etwas anderes aus als meine gefühlte Wirklichkeit und Wahrheit: Gott wird mich versorgen, sich um mich kümmern und mir innere Stabilität verleihen. Das ist die Wahrheit! Wenn meine ängstlichen und besorgten Gefühle wieder auf den Plan treten, werde ich sie wie ein kleines Kind in den Arm nehmen und ihnen zuhören. Alsdann werde ich sie mit dem Wort Gottes trösten und aufmuntern und mit einem fröhlichen Klaps wieder zum Spielen schicken. Ich werde bestimmt nicht zulassen, dass sie den Rest des Tages bei mir auf der Couch rumhängen und mir die Ohren volljammern!

Zum Thema **Mit Gefühlen umgehen** finde ich in der Bibel folgende Texte: Psalm 42; Psalm 50,14-15.23; Psalm 103,1-5; Psalm 131; Sprüche 4,23; Epheser 4,14-15; 2. Timotheus 3,14-17.

40

Das Wort Gottes anwenden

Denn lebendig ist das Wort Gottes, kraftvoll und schärfer als jedes zweischneidige Schwert; es dringt ein bis zu Scheidung von Seele und Geist … es richtet über die Regungen und Gedanken des Herzens.

HEBRÄER 4,12

Wenn ich spüre, dass ich immer wieder von Gedanken übermannt werde, die meine Gefühlswelt beeinträchtigen, finde ich es hilfreich, diese Gedanken konkret zu fassen, zu formulieren und aufzuschreiben. Da kommt dann schon so manches kuriose Zeug zusammen. Manchmal reicht es schon, diese Gedanken über uns, über andere oder über eine Situation bei Tageslicht und schwarz auf weiß zu sehen, um ihre Unsinnigkeit zu enttarnen. Denn was ausgesprochen oder aufgeschrieben ist, hat keine Chance mehr, sich in den Untiefen unserer Seele zu verstecken und dort sein Unwesen zu treiben.
Um diesen Gedanken ihre Schlagkraft zu entziehen, ist es hilfreich, die Aussagen Gottes genauso konkret dagegenzustellen.

Hier meine persönliche »Hitliste«:

1. Wenn ich in den Spiegel gucke und alles andere als zufrieden bin mit dem, was ich da sehe:

»Ich danke dir, dass du mich so wunderbar gestaltet hast. Ich weiß: Staunenswert sind deine Werke. (Psalm 139,14)

2. Wenn ich mich schäme, weil ich schuldig geworden bin:

»Wer kann die Auserwählten Gottes anklagen? Gott ist es, der gerecht macht. (Römer 8,33)

3. Wenn ich Angst habe, zu kurz zu kommen:

»Der Herr ist mein Hirte, mir wird nichts mangeln.« (Psalm 23,1)

4. Wenn ich das Gefühl habe, in manchen Punkten nie innere Heilung zu erfahren:

»Denn ich kenne meine Pläne, die ich für euch habe – Spruch des Herrn –, Pläne des Heils und nicht des Unheils; denn ich will euch eine Zukunft und eine Hoffnung geben. (Jeremia 29,11)

5. Wenn Menschen oder schwierige Situationen mir Angst einjagen:

»Der Herr ist mein Licht und mein Heil: Vor wem sollte ich mich fürchten. Der Herr ist die Kraft meines Lebens, vor wem sollte mir bangen. (Psalm 27,1)

In dieser Woche will ich mir die Schwachstellen meines Lebens besehen, an denen falsche und zersetzende Gedanken immer wieder einbrechen können, um mich und meine Gefühlswelt zu vergiften. Ich werde mir diese Gedanken aufschreiben und anhand des Wortes

Gottes auf ihren Wahrheitsgehalt hin überprüfen. Erweisen sie sich als unhaltbar, werde ich konkrete Aussagen der Bibel dagegenstellen. Diese Aussagen werde ich mir aufschreiben und so meine persönliche Notfallliste zusammenstellen. Vielleicht habe ich die Möglichkeit, diese Kostbarkeiten in ein besonders schönes Heft oder auf ein kreativ gestaltetes Blatt zu schreiben. Geraten meine Gedanken beim nächsten Mal wieder auf Abwege, werde ich ihnen (und dem Teufel gleich mit) meine wunderschöne Liste unter die Nase halten.

Zum Thema **Das Wort Gottes anwenden** finde ich in der Bibel folgende Texte: Psalm 119; Jeremia 15,16; Matthäus 4,1-11; Lukas 8,4-8.11-15; Lukas 11,28; 2. Korinther 10,4-6; Kolosser 3,16.

41

Heilung der Vergangenheit

Er heilt die gebrochenen Herzen und verbindet ihre schmerzenden Wunden.

PSALM 147,3

In manchen Situationen unseres Lebens reagieren wir unverhältnismäßig heftig auf einen anderen Menschen, auf Erlebtes oder auf das, was jemand anderes zu uns sagt. Unverhältnismäßig heißt, dass die aktuelle Situation die Wucht des Schmerzes, der Aggression, der Scham, der Niedergeschlagenheit, der Angst und der Panik gar nicht erklärt. Passiert uns so etwas öfter oder wiederholt es sich in ähnlichen Situationen, lohnt es sich, einmal genauer der Ursache nachzugehen.
Mir hilft dann ein Blick in die eigene Biografie, denn der Grund für diese Überreaktionen ist zumeist in der Kindheit zu finden. Hier haben wir etwas Schmerzhaftes erlebt und hier wurden uns Wunden zugefügt, die bis heute nicht verheilt sind. Kommen wir in eine ähnliche Situation, treten der alte Schmerz und die vertrauten Reaktionsmuster wieder zutage. Manchmal ist der Zusammenhang sehr offenkundig und die Erinnerung an ein schmerzhaftes Erleben in unserer Kindheit schnell wieder präsent. Weil wir aber dazu neigen, seelischen Schmerz zu verdrängen, kann das, was uns widerfuhr, auch komplett verschüttet und unser Erinnerungsvermögen wie abgeschnitten sein. Oder aber wir können die Ereignisse sachlich korrekt und detailgetreu wiedergeben,

haben aber zu den dazugehörigen Gefühlen überhaupt keinen Zugang mehr. Wir erzählen von den größten Verwundungen unseres Lebens wie der Nachrichtensprecher von einer Katastrophe irgendwo auf der Welt. Manchmal mag es angebracht sein, es dabei zu belassen. Wenn wir aber spüren, dass Vergangenes uns immer noch sehr stark beeinträchtigt, ist es an der Zeit, Jesus diese alten, nie verheilten Wunden und dieses kleine, verletzte Mädchen zu bringen.

In dieser Woche will ich mein Augenmerk auf meine Biografie richten. Da gibt es sehr viel Schönes und sehr viel Grund zur Dankbarkeit. Da gibt es aber auch blinde Flecken, dunkle Stellen, Schmerz und Verwundung. Manches davon haben die Zeit und das Leben selbst geheilt. Zurückgeblieben sind nur ein paar kleine, kaum sichtbare Narben, die mich nicht weiter beeinträchtigen. Aber es gibt auch Momente, in denen scheinbar wie aus dem Nichts ein undefinierbarer Schmerz, eine unverhältnismäßige Wut, große Scham oder eine nicht zu erklärende Angst in mir aufsteigt In dieser Woche will ich mir die Umstände, welche diese heftigen Reaktionen in mir auslösen, genauer anschauen und nach Parallelen in meiner Kindheit suchen. Ich werde das mit Jesus zusammen tun: Was er mir dann durch seinen Heiligen Geist aufzeigt, werde ich dankbar aufnehmen; was er unter Verschluss hält, werde auch ich nicht mit Gewalt hervorzerren. Wenn ich so dem kleinen, verletzten Mädchen von früher begegne, werde ich es in die Arme schließen, es hin und her wiegen und trösten. Dann werde ich es an die Hand nehmen und ihm sagen: »Komm, ich weiß jemanden, bei dem wir Trost und Heilung finden.« Gemeinsam werden wir zu Jesus gehen.

Zum Thema **Heilung der Vergangenheit** finde ich in der Bibel folgende Texte: Psalm 147; Jesaja 40,1-5; Jesaja 43,16-21; Jesaja 54,2-8; Jesaja 61,10 bis 62,5; Jeremia 17,14; 1. Petrus 2,24-25.

42

Ja sagen zur eigenen Geschichte

Wir wissen, dass Gott bei denen, die ihn lieben, alles zum Guten führt.

RÖMER 8,28

Was machen wir, wenn wir so die Verwundungen unserer Vergangenheit vor uns haben? Wir bringen sie Jesus, damit er sie anrührt, und nehmen sie dann mit hinein in unser Leben. Manchmal haben wir die Vorstellung, dass Jesus unsere Wunden so vollständig heilt, dass nicht einmal mehr der kleinste Kratzer zurückbleibt. Eigentümlicherweise tut er das oft nicht. Er bietet uns an, mit seiner Hilfe den Schmerz zu umarmen und zu verwandeln, sodass durch ihn etwas sehr Kostbares in unserem Leben entsteht. Das Bild einer Perle mag uns da helfen. Die Perle ist durch eine Verletzung der Muschel entstanden. Irgendein Fremdkörper ist in die Muschel eingedrungen und hat sie beschädigt. Dieser Fremdkörper wird nun von der Muschel ummantelt, damit er nicht noch mehr Schaden anrichtet. Diese Ummantelung wird dann zu der überaus kostbaren Perle, die uns so viel bedeutet. Unser Schmerz und unsere Verletzungen können der fruchtbare Boden sein, auf dem Jesus etwas Neues sät und wachsen lässt. Dafür müssen wir aber JA sagen zu unserer Biografie und zu dem, was uns widerfahren ist. Wir können unser ganzes Leben damit vertun, gegen Geschehenes zu wüten, Gott und dem Schicksal Vorwürfe zu machen und die Frage zu bewegen: »Warum ausgerechnet ich?« Solche

Phasen der Rebellion sind normal und haben ihre Zeit. Aber wenn wir in dieser Haltung verharren, werden die Schatten der Vergangenheit immer dem Neuen, was wachsen könnte, das Licht zum Leben nehmen.
Erst wenn wir unsere schmerzhaften Anteile integrieren, wenn wir aufhören, gegen sie zu kämpfen, geschieht das Wunder: Die Dunkelheit verliert ihre zerstörerische Macht über uns und der Schmerz lässt nach, weil er sein darf.

In dieser Woche will ich ein bewusstes JA zu meiner eigenen Geschichte und zu meinem Gewordensein sagen. Die Umstände und die Familie, in die ich hineingeboren wurde, mein Aussehen, meine psychische und physische Konstitution, mit der ich ausgestattet wurde, mein Platz in der Geschwisterreihe, mein Erleben in Kindergarten und Schule, die Freundschaften und Beziehungen, die ich hatte, Krankheiten und Schicksalsschläge – all das gehört zu meiner Geschichte und ist damit untrennbar mit mir verwoben. Vielleicht habe ich oft mit meinem Schicksal gehadert, mich mit anderen verglichen und verbittert gefragt, warum es gerade mich so hart erwischt hat. Ich kann diese Frage immer noch nicht beantworten, will Jesus aber zutrauen, dass er aus dem Schmerz ein Leben mit Perlenqualität macht. In dieser Woche werde ich jeden Morgen aufstehen, Jesus anschauen und dann JA sagen. Ich werde mein NEIN zu mir und meiner Geschichte ablegen und laut und vernehmlich vor der sichtbaren und unsichtbaren Welt bekennen: Weil ich Gott liebe, werden mir alle Dinge, die zu mir und meinem Leben gehören, zum Besten dienen. In dieser Woche werde ich voller Spannung darauf warten, wie Jesus meinen Schmerz verwandelt.

Zum Thema **Ja sagen zur eigenen Geschichte** finde ich in der Bibel folgende Texte: 1. Mose 50,19-20; Ruth 1,19-22 und 4,13-17; Hiob 2,10; Psalm 139; Jesaja 45,9-12; Apostelgeschichte 22,3-21; 1. Korinther 15,9-10.

43

Abschied von der Vergangenheit

Während er sie hinaus ins Freie führte, sagte er: Bring dich in Sicherheit, es geht um dein Leben. Sieh dich nicht um.

1. MOSE 19,17A

Lot hat sich mit seiner Sippe im Gebiet von Sodom, einer sehr verrufenen Stadt, niedergelassen. Die Schlechtigkeit der Einwohner nimmt irgendwann so überhand, dass Gott beschließt, Gericht zu üben und diesen Ort samt seinen Einwohnern zu vernichten. Mit dieser Absicht suchen eines Abends zwei Engel die Stadt auf. Dort treffen sie als Erstes auf Lot. Dieser lädt die beiden Männer zu sich nach Hause ein, um sie zu bewirten. Zu später Stunde wird das Haus von einer wild gewordenen Meute Männer umstellt, welche die Herausgabe der beiden Gäste fordert, um sie zu vergewaltigen. Lot tut etwas für unser nicht orientalisches Denken sehr Unverständliches: Er bietet seine beiden Mädchen zum Tausch an. Lieber wirft er seine beiden noch jungfräulichen Töchter der Meute zum Fraß vor, als dass seinen Gästen ein Haar gekrümmt wird. Die Situation droht zu eskalieren, da greifen die Engel ein und machen dem ganzen Spuk ein Ende. Später erklären sie Lot, wozu Gott sie in diese Stadt gesandt hat, nämlich um selbige zu vernichten. Lot bekommt die Möglichkeit, seine Sippe vorher in Sicherheit zu bringen. Die Schwiegersöhne Lots finden die ganze Geschichte zum Schreien komisch, und so kann Lot nur seine Frau und seine beiden Töchter davon überzeugen, im Morgengrauen mit ihm zu fliehen. Die Männer treiben die vier, die immer noch zögern, beständig zur Eile an. Und dann sagt Gott zu Lots Frau den oben zitierten Satz: »Sieh dich nicht um!« Lauf, lauf um dein Leben, aber sieh dich nicht um! Wir wissen, dass Lots Frau sich nicht an diese Anweisung hielt, den Blick zurück riskierte und zur Salzsäule erstarrte.

Warum bloß war es Gott so wichtig, dass Lots Frau sich nicht noch einmal umschaute? Gott wollte hier ein dunkles Kapitel im Leben einer Familie schließen. Es sollte endgültig Schluss sein mit einem Leben, in dem Menschen durch das Nichtbeachten der Gebote Gottes unendlich viel Schmerz und Not über sich und andere gebracht hatten. Die Flucht aus dieser Vergangenheit sollte dieser Familie einen Neuanfang ermöglichen. Ein Umdrehen und ein Sich-wieder-dem-Alten-Zuwenden war nicht mehr dran und hätte mehr geschadet als genutzt.

An welchen Stellen meines Lebens spricht Jesus sein: »Dreh dich nicht um!«?

In dieser Woche will ich darauf achten, ob es Altes in meinem Leben gibt, mit dem Jesus abschließen will. Vielleicht habe ich mich viel mit meiner Vergangenheit und schadhaften Stellen in meiner Biografie beschäftigt. Das war wichtig und eine wertvolle Zeit, die mir manche Zusammenhänge klargemacht hat. Vielleicht ist nun aber der Zeitpunkt gekommen, den Blick wieder nach vorne zu richten. Meine Aufmerksamkeit soll im Hier und Jetzt und in der vor mir liegenden Zukunft liegen. Jesus möchte Neues wachsen und werden lassen in meinem Leben – und wenn ich auch weiterhin den Blick nur nach hinten wende, werde ich blockiert und erstarre. Aber Jesus möchte Wachstum, Heilung und Veränderung für mich. Er möchte das Leben und nicht den Tod. In dieser Woche werde ich Jesus gestatten, ein schmerzhaftes Kapitel meines Lebens zu schließen. Ich werde an seiner Hand dieses Land verlassen und nach vorne blicken.

Zum Thema **Abschied von der Vergangenheit** finde ich in der Bibel folgende Bibeltexte: Psalm 45,11-12; Jesaja 43,16-23; Jesaja 52,10-12; Jeremia 4,3; Hosea 10,12; Lukas 9,57-62; Philipper 3,12-14.

44

Geduld

Besser ein Geduldiger als ein Kriegsheld, besser, wer sich selbst beherrscht, als wer Städte erobert.

SPRÜCHE 16,32

An einem Tag in der Woche arbeite ich in einer christlichen Buchhandlung. Es ist kurz vor Ladenschluss, und ich beginne bereits, die Kartenständer, die ich bei schönem Wetter draußen vor die Tür stelle, reinzuräumen. Ich freue mich auf meinen Feierabend und bin in Gedanken schon bei all den Dingen, die ich zu Hause noch zu erledigen habe. Da betritt eine Dame gereiften Alters den Laden und blickt sich suchend um. Sie erspäht die Kartenständer und beginnt, in aller Seelenruhe selbige zu durchforsten. In Anbetracht der fortgeschrittenen Zeit frage ich sie, ob ich ihr bei der Suche behilflich sein kann. »Ach …«, sagt sie unentschlossen. Plötzlich schießt ihr Finger hervor. »Na so was«, jubiliert sie. »Das kenn ich, das ist doch ein *Lied*, ich glaube, davon bekomme ich sogar alle Strophen zusammen.« Mein Blick folgt ihrem ausgestreckten Finger und bleibt an einer Karte hängen, auf der vor einer malerischen Abendstimmung der erste Vers von »Der Mond ist aufgegangen« abgedruckt ist. Und tatsächlich: Die Dame fängt mitten im Laden stimmgewaltig an zu singen und fordert mich mit wedelnden Armbewegungen auf, es ihr gleichzutun. Ich bin schließlich kein Kulturbanause und kann Matthias Claudius' »Der Mond ist aufgegangen« rauf und runter beten. Und da ich spüre, dass die Gute keine

Ruhe geben wird, ehe wir nicht alle Strophen hinter uns gebracht haben, füge ich mich meinem Schicksal und falle zu ihrer hellen Freude in den Gesang ein. Ich schiele auf die Uhr und versuche das Tempo etwas zu beschleunigen, worauf sie wie ein verhinderter Dirigent beschwichtigend mit den Armen rudert. »Nicht so schnell«, zischt sie mir zu. Ich nicke ergeben. Bei Strophe sieben angekommen, finde ich, dass Herr Claudius in seiner Dichterslust eindeutig zu weit gegangen ist und ruhig mal an all die Verkäufer hätte denken können, die gerne ihren Feierabend begehen würden, aber mit ihren sangesfreudigen Kunden festgenagelt sind, um seine (seine!) sieben Strophen zu singen. Als wir endlich durch sind, frage ich die Kundin, ob sie denn diese Karte zu erwerben wünscht. »Ach …«, wiederholt sie mit gleichbleibender Unentschlossenheit. Ihr Blick schweift von Neuem umher. Ich befürchte das Schlimmste. Und wirklich: »Das kenn ich auch!«, triumphiert sie. »Sie doch sicher auch, gelle?« Sie hält mir eine Karte unter die Augen, auf der die erste Strophe von »Möge die Straße«, einem irischen Segenslied (selbstverständlich mit mehreren Versen), abgedruckt ist. Natürlich kenne ich das Lied. Und auch all die dämlichen Strophen, die dazugehören. »Nein«, antworte ich kategorisch. »Nie gehört.« Mitten im christlichen Bücherladen stehe ich und lüge, dass sich die Balken biegen. Das ist schon etwas Besonderes und passiert mir auch nicht alle Tage! Aber ich will endlich hier raus. Ich habe keine Zeit zu singen. ICH WILL NACH HAUSE!!

Die Dame lässt sich nicht beirren. »Dann bringe ich es ihnen bei«, sie lächelt mich milde und ob meiner Unkenntnis etwas mitleidig an, »ist gar nicht so schwer, sie werden sehen.« Freundschaftlich tätschelt sie mir die Schulter. »Hören Sie mal, so geht die Melodie …« Ich habe den Eindruck, dass

Jesus neben mir sich vor Lachen den Bauch hält. Ich schaue ihn finster an, denn *ich* finde das gar nicht so witzig.
Meine Nerven liegen blank. Mein Blick ist glasig, und mein rechtes Augenlied fängt bestimmt gleich an, unkontrolliert zu zucken. Ich könnte schon längst im Auto sitzen, ach was, ich könnte schon längst zu Hause sein. Stattdessen stehe ich hier und muss mit einer wildfremden Frau irische Reisesegen singen …

In dieser Woche will ich mich bewusst Situationen stellen, in denen meine Geduld gefordert ist. Der Autofahrer, der vor mir mit verminderter Geschwindigkeit dahinzockelt, das Kind, welches noch eben auf einem Mäuerchen balancieren will, obwohl ich in Zeitnot bin, die alte Dame, die vor mir an der Kasse scheinbar endlos lange braucht, um ihr Wechselgeld zusammenzusuchen, der Stau, in den ich gerade dann hineingerate, wenn ich es furchtbar eilig habe, die Nachbarin, die mir ausgerechnet dann ihr Herz ausschüttet, wenn ich auf dem Sprung bin, der Infekt, den ich einfach nicht loswerde, obwohl ich gerade jetzt fit und gesund sein müsste, die Veränderung bei mir oder einem Mitmenschen, die nicht schnell genug eintritt, das Gebet, was nicht sofort erhört wird – all diese an den Nerven zerrenden Situationen zwingen mich, das Tempo aus meinem Leben zu nehmen und mich auf das Wesentliche zu konzentrieren, und durchkreuzen meinen Eigensinn. Wenn ich mich aufrege, weil die Dinge nicht schnell genug gehen, will ich mich fragen: »Ist es wirklich so wichtig, dass es jetzt schnell geht?« Die Zeit und Ambitionen, die ich verliere und loslassen muss: Könnte dieser Verlust vielleicht sogar Gewinn sein?

Zum Thema **Geduld** finde ich in der Bibel folgende Texte: Sprüche 14, 29-30; Sprüche 25,15; Klagelieder 3,24-26; Galater 5,22; Kolosser 1,10-11; Kolosser 3,12-14; Jakobus 5,7-11.

45

Mit mir selbst Geduld haben

Meine Zeit steht in deinen Händen.

PSALM 31,16

Alles, was ich für andere tun und sein soll, sollte ich zuerst auch mir selbst tun und sein. Wenn ich mich selbst ablehne, unfreundlich, abwertend und abschätzig mit mir selber rede, mich überfordere und überlaste, bin ich, was meine eigene Person betrifft, in einer Schieflage und werde im Umgang mit anderen davon beeinträchtigt. Das gilt auch für das Thema Geduld. Bevor ich mit anderen geduldiger werde, muss ich zunächst einmal lernen, auch mit mir selbst Geduld zu haben. Das gilt vor allem für geistliche und innerseelische Veränderungsprozesse. Manchmal erkennen wir in geistlich lichten Momenten in einem Spiegel, wie wir wirklich sind. Sehen all unsere Mängel und die No-Goes in Charakter und Persönlichkeit. Sehen all die Dinge, die uns im Alltag und im Umgang mit unseren Mitmenschen immer wieder blockieren. Aber Veränderung braucht Zeit. Wachstum braucht Zeit. Reifen braucht Zeit. Berufungsgeschehen braucht Zeit. Gott hat diese Zeit. Was in der Bibel oft sehr komprimiert berichtet ist aus dem Leben eines Menschen, erstreckt sich bei genauerem Hinsehen über Wochen, Monate und Jahre. Zeit, die Gott sich nimmt, diesen Menschen zu formen, zu verändern und einsatzbereit zu machen. Mose hat bis zu seinem vierzigsten Lebensjahr am Hof des Pharao gelebt. Zu diesem Zeitpunkt kam es zu dem unglückseligen

Zwischenfall, der ihn zu einem Mörder machte. Weitere vierzig Jahre folgten, die er in Midian verbrachte und die er dem ganz normalen, damals gängigen Alltagsgeschehen widmete. Dann erst, mit ca. achtzig Jahren, erfolgte seine Berufung zum Anführer und Befreier des Volkes Israel aus Ägypten. Ähnliches finden wir auch bei vielen anderen großen Persönlichkeiten der Bibel. Gott hat sich alle Zeit der Welt gelassen, sie zu formen und zu verändern.
Warten und Geduld haben fällt uns heute noch schwerer als den Menschen früher, die noch nicht die technischen Möglichkeiten hatten, Zeitspannen abzukürzen und Dinge schnell und »mal eben« zu erledigen. Ihnen blieb gar nichts anderes übrig, als sich geduldig den Abläufen des Lebens und der Natur zu überlassen. Vielleicht gelang es ihnen auch besser, auf sich selbst und ihr Leben mit mehr Geduld und Gelassenheit zu blicken.

In dieser Woche werde ich mich bemühen, im Umgang mit mir selbst geduldig zu sein. Vielleicht habe ich mit anderen eine Engelsgeduld, nur mit mir selbst spreche ich immer wie eine schlecht gelaunte Gouvernante: Ich schimpfe mit mir, wenn mir etwas nicht auf Anhieb gelingt oder wenn ich einen charakterlichen Schwachpunkt nicht schnell genug unter die Füße bekomme. Aber ein Verachten und Abwerten meiner eigenen Person bewirkt niemals Veränderung, sondern immer nur Selbstzerstörung. In dieser Woche will ich mir zugestehen, dass auch ich üben und neue Verhaltensweisen trainieren muss. Wenn ich hinfalle, werde ich mich dazu ermutigen, wieder aufzustehen und einen neuen Versuch zu starten.

Zum Thema **Mit mir selbst Geduld haben** finde ich in der Bibel folgende Texte: Römer 7,15-24; 2. Korinther 3,18 bis 4,1; 2. Korinther 5,17; 2. Korinther 9,10; Epheser 4,15; Philipper 1,6; 2. Petrus 3,18.

46

Mit der richtigen Spannung leben

Kommt alle her zu mir, die ihr euch plagt
und schwere Lasten zu tragen habt.
Ich werde euch Ruhe verschaffen.

MATTHÄUS 11,28

Kürzlich meinte eine Freundin zu mir: »Tut mir leid, ich habe keine Zeit. Ich bin im Moment so eingespannt.« Ich finde diesen Begriff »eingespannt sein« sehr interessant. Wir meinen umgangssprachlich damit: Ich habe so viel zu tun und bin im Stress. Wenn man aber ein Saiteninstrument vor Augen hat, in das Saiten eingespannt sind, bekommt die Aussage »ich bin eingespannt« eine andere Bedeutung. Denn nur eingespannte Saiten machen Sinn und bringen das Instrument zum Klingen. Ein Instrument, dessen Saiten locker, ohne Spannung durchhängen, ist gar nicht bespielbar, ist zu nichts zu gebrauchen. Bei den Streichinstrumenten sind die Saiten für die tiefen Töne verhältnismäßig dick und die Saiten für die hohen Töne eher dünn. Beliebig austauschen kann man das nicht. Aus einer D-Saite kann man keine E-Saite machen und umgekehrt. Sind alle Saiten am richtigen Platz, werden sie so lange mittels eines Wirbels gedehnt und gespannt, bis sie den für sie vorgesehenen Grundton erreicht haben. Dabei ist Genauigkeit für einen perfekten und harmonischen Klang sehr wichtig. Ein D muss eben ein D sein und darf kein Dis oder sogar ein komplett anderer Ton sein. Sind die Saiten zu locker gespannt, ist der Ton

zu tief oder die Saite erzeugt im schlimmsten Fall gar keinen Ton mehr. Ist eine Saite zu stark eingespannt, klingt sie schrill und unpassend oder reißt bei starker Überdehnung ganz. Sind dagegen alle Saiten richtig gestimmt und werden miteinander angestrichen, erklingt eine einwandfreie Harmonie, und das Spiel auf dem Instrument kann beginnen. Ein guter Spieler merkt sofort, wenn seine Saiten verstimmt sind. Bei der nächstmöglichen Gelegenheit wird er sein Spiel abbrechen und nachstimmen, bis der Klang wieder »sauber« ist.
Mit unserem Leben ist es genauso: Sind die Saiten unseres Lebens richtig eingespannt, dann sind wir gut gestimmt. Im wahrsten Sinne des Wortes.

In dieser Woche will ich darauf achten, dass alle Saiten meines Lebens gut eingespannt sind. Vielleicht hängen manche Saiten ohne jede Spannung durch. Ich fühle mich an dieser Stelle lustlos, unterfordert und bringe überhaupt keinen Klang mehr hervor. Als Folge bin ich antriebsschwach, müde und kann keinen Sinn und keine Freude mehr empfinden. An anderen Stellen bin ich total überdehnt und schon zum Zerreißen gespannt. Ich bringe schrille und nicht wirklich zu mir passende Töne hervor und bräuchte dringend Entspannung. Ich weiß genau: Noch eine Drehung mehr und ich knalle durch und zerreiße ganz. Möglicherweise habe ich den Gesamtklang und die Ausgewogenheit in meinem Leben verloren und stimme nun verzweifelt an den einzelnen Saiten herum, um die alte Harmonie wiederzufinden. Aber den harmonischen Gesamtklang, den Grundton meines Lebens, habe ich längst nicht mehr im Ohr. Und so werden die Ergebnisse meiner Aktionen immer schräger und unharmonischer.
In dieser Woche will ich Jesus mein Lebensinstrument und die Stimmung desselbigen zum ersten Mal oder wieder neu überlassen.

Aus manchen Saiten wird er die Spannung herausnehmen und mich zu einem Normalmaß zurückführen. In andere Saiten wird er Spannung durch neue Impulse, kreative Ideen und Veränderung hineinbringen. Vielleicht muss manche Saite auch völlig ausgewechselt werden, weil sie inzwischen abgegriffen und abgenutzt ist. Gegen diesen Vorgang will ich mich nicht wehren, weil ich darauf vertraue, dass Jesus die Harmonie meines Lebensinstruments immer noch im Ohr hat, auch wenn ich sie längst nicht mehr höre.
In dieser Woche will ich mich Jesus überlassen …

Zum Thema **Mit der richtigen Spannung leben** finde ich in der Bibel folgende Texte: 1. Könige 19,1-16; Jesaja 40,27-31; Hesekiel 34,11-16; Matthäus 11,28-30; Markus 6, 30-32; Lukas 10,38-41; Johannes 10,7-10.

47

Machs dir leichter

Entlaste dich und lass auch andere Verantwortung tragen!

2. MOSE 18,22B

Die Geschichte, in die dieser Vers eingebettet ist, könnte unter der Überschrift stehen: Machs dir leichter! Moses Schwiegervater, Jitro, kommt zu Besuch und hört von all den großartigen Taten, die Gott durch Mose getan hat. Jitro sieht, was sein Schwiegersohn sich selbst tagtäglich in seinem Bemühen, im Volk für Recht und Ordnung zu sorgen, abverlangt. Mose ist so etwas wie die orientalische, im Altertum lebende Variante des modernen Menschen im Multitasking: Er scheint für alles zuständig zu sein und hundert Sachen gleichzeitig zu machen. Von morgens bis abends. Sein kluger Schwiegervater erkennt, dass solch ein Leben auf Dauer viel zu anstrengend ist, und rät Mose, sich Hilfe und Unterstützung für seine Dienste zu holen. Mose ist genauso klug wie sein Schwiegervater und nimmt diesen Rat an.

Diese Geschichte lehrt mich zwei Dinge: Erstens scheint ein Leben in permanenter Überlastung nicht Gottes Absicht für unser Leben zu sein. Vorübergehend sind sehr stressige Zeiten in unserem Leben wahrscheinlich unvermeidbar. Aber als Dauerzustand sind sie es sehr wohl. Zweitens tun wir gut daran, den Rat anderer Leute und ihr Angebot, uns zu entlasten, anzunehmen. Der einfachste und gleichzeitig schwerste Weg aus einem Leben in permanenter Überforderung heißt: Dinge abgeben, Verantwortung loslassen und Aufgaben delegieren. Das fällt uns merkwürdigerweise sehr schwer. Das mag zum einen daran liegen, dass wir ein übermäßig stark ausgebildetes Verantwortungsgefühl haben und meinen, nur *wir* könnten diese Aufgabe in rechter Weise erfüllen. Zum anderen scheint in manch einem ein tiefer Grundsatz zu nisten, der da heißt: Man soll es sich eben *nicht* leicht machen. Je schwerer, desto besser. Der breite Weg führt, wie wir alle wissen, geradewegs ins Verderben. Je schwerer das Kreuz, das es zu tragen gilt, je mehr Lasten wir uns auf die Schultern packen, umso besser. Wir wollen zutiefst gar keine Erleichterung, sondern fühlen uns in unserer jammernden und stöhnenden Märtyrerhaltung ganz wohl und ziehen aus ihr unser Wertgefühl. Jesus möchte uns an dieser Stelle zu unserem Wohl korrigieren. Werde ich mich darauf einlassen?

In dieser Woche will ich mit der unguten Prägung brechen, ich müsste alles allein machen, alle mir aufgeladenen Aufgaben schaffen und immer den schwereren statt den leichteren Weg wählen. Vielleicht bedeutet das ganz konkret, dass ich meinem Mann und meinen Kindern zumute, mehr im Haushalt mitzuhelfen, weil mich die Doppelbelastung Beruf/Haushalt überfordert. Vielleicht werde ich in Zukunft Sonntagmittag kein aufwendiges Essen mehr kochen und den Gästen am Nachmittag keinen selbst gebackenen Kuchen mehr servieren. Die Fertigpizza am Mittag und der gekaufte Kuchen tun es auch und ermöglichen mir ein wohlverdientes Sonntagmittagsschläfchen. Vielleicht werde ich das Angebot meiner Schwiegermutter annehmen, meinen anstrengenden Säugling für einen Nachmittag in ihre Obhut zu nehmen, und es mir an diesem Nachmittag richtig gut gehen lassen. Vielleicht organisiere ich für die

Pflege meiner schwer kranken Eltern einen Besuchsdienst aus der Gemeinde, damit ich auch einmal von zu Hause weg kann. Vielleicht fange ich an, darüber nachzudenken, aus einem riesengroßen Haus in eine kleine, überschaubare Wohnung umzuziehen. Vielleicht werde ich für meinen Dienst in der Gemeinde eine Vertretung einarbeiten, damit ich mir immer mal wieder ohne schlechtes Gewissen eine Auszeit nehmen kann.
In dieser Woche will ich meinen Stolz ablegen, um Hilfe bitten, Hilfe auch annehmen und nach kreativen Lösungen suchen, um mein Leben zu erleichtern. Ich werde nicht so unklug sein und den Rat von Jesus: »Machs dir doch leichter« ausschlagen.

Zum Thema **Machs dir leichter** finde ich in der Bibel folgende Texte: 2. Mose 17,8-15; 2. Mose 18,1-27; Sprüche 17,17; Prediger 4,9-12; Matthäus 11,28-30; Apostelgeschichte 6,1-7; Galater 6,2.

48

Von Gott gelobt

Richtet also nicht vor der Zeit, wartet, bis der Herr kommt, der das im Dunkeln Verborgene ans Licht bringen und die Absichten der Herzen aufdecken wird. Dann wird jeder sein Lob von Gott erhalten.

1. KORINTHER 4,5

Zucken Sie zusammen bei dem Gedanken, was dermaleinst aus den finstersten Abgründen Ihres Innersten ans Licht gezerrt wird? Wenn dem so ist, dann schauen Sie sich den zweiten Teil des Verses gut an: »Dann [also wenn alles aufgedeckt ist] wird jeder sein Lob von Gott erhalten.« Sie werden keine Strafe, keinen bösen Blick, keine Zurechtweisung, kein: »Da hast du ja wohl total versagt« erhalten, sondern ein Lob. Kein allgemeines Lob, nach dem Motto: »Das habt ihr alle aber gut gemacht«, nein, Ihr ganz persönliches Lob werden Sie bekommen.

Können Sie den Gedanken denken, dass Gott auf Ihr Leben schaut und ihm dabei jede Menge Gründe einfallen, Sie zu loben? Können Sie sich vorstellen, dass er all Ihre verzweifelten Bemühungen, die Dinge »richtig« zu machen, all die inneren Kämpfe, damit sich das Gute durchsetzt, alle guten Absichten, die Sie hegen und die Ihnen hier niemand so richtig dankt, einmal an die große Glocke hängt und ins Weltall hinausposaunt: »Mensch, das hast du toll gemacht!«?

In unseren Herzen ist so oft das Bild eines Gottes, der mit uns permanent unzufrieden ist, weil wir hinter seinen Erwartungen zurückbleiben. Der quengelt, nörgelt, kritisiert und die Hände überm Kopf zusammenschlägt, weil wir uns mal wieder als total unfähig erwiesen haben. Das Bild eines strengen Richters und nicht das eines liebenden Vaters, der voller Stolz und Freude auf sein Kind schaut. Ein Vater, der seinen Kindern wohlgesinnt ist und der all die guten Absichten wahrnimmt und wertschätzt, die hinter ihren stümperhaften Versuchen, ihm zu gefallen, stecken. Paulus konnte den Gedanken, dass Gott ihn einmal gerecht beurteilen und dann loben wird, durchaus denken. Und er hält diesen Gedanken wie ein Schutzschild vor sich gegen Selbstverurteilung und gegen alle, die ihn angreifen und aburteilen. »Wartet's ab«, ist seine Devise und: »Wir werden sehen« …

In dieser Woche will ich mich davor hüten, vorschnelle Urteile über andere oder über mich zu fällen. Vieles in meinem Leben oder im Leben meiner Mitmenschen kann und muss ich gar nicht bewerten, sondern darf es einfach stehen lassen in dem Wissen, dass Gott wirklich Einblick hat und einmal ein vollkommen angemessenes Urteil fällen wird. Unter dieses Urteil fallen auch all meine Bemühungen, Gott zu gefallen, all mein Begehren, ihm zu dienen und ihn zu lieben, und alles, was ich an Gutem bewirke, ohne dass irgendjemand es wahrgenommen hat. Alle heimlichen Tränen, alle verzweifelten Gebete, alles Dranbleiben, Kämpfen und Ringen wird von ihm wahrgenommen.

In dieser Woche will ich zulassen, dass Gott mich lobt. Ich habe das bitter nötig, weil ich selbst oft kein gutes Haar an mir lasse oder möglicherweise sehr niederschmetternder Kritik durch andere ausgesetzt bin. Ich will es zulassen, dass er mich sanft in seine Arme schließt und mir ein: »Ich bin stolz auf dich!« ins Ohr flüstert. Das wird mich ermutigen, weiterhin mein Bestes für ihn zu geben.

Zum Thema **Von Gott gelobt** finde ich in der Bibel folgende Texte: Psalm 147,11; Psalm 149,4; Jesaja 62,4-5; Zefanja 3,14-17; Matthäus 13,24-30; 1. Korinther 3,8-14; Offenbarung 3,8.

49
Mein Alltag

Das Reich Gottes kommt nicht so, dass man es an äußeren Zeichen erkennen könnte. Man kann auch nicht sagen: Seht, hier ist es!, oder: Dort ist es! Denn das Reich Gottes ist mitten unter euch.

LUKAS 17,20B-21

Vor einiger Zeit wollten wir uns eine neue Esszimmergarnitur kaufen. Unser alter Tisch und die Stühle aus Kiefernholz hatten im Laufe der Jahre eine unschöne gelbliche Farbe angenommen, und die Möbel waren von so vielen Macken verunziert, wie sie nur eine Familie mit vielen Kindern zustande bringen kann. Wir fanden aber nichts, was uns gefiel und unseren Preisvorstellungen entsprach, und so fasste mein Mann den heroischen Entschluss, unsere alten Holzmöbel noch einmal aufzuarbeiten. Über mehrere Wochen hinweg verbrachte er jede freie Minute mit Schleifen, Schmirgeln und Lackieren. Dabei schimpfte er oft wie ein Rohrspatz und schwor sich und mir, »so etwas« nie wieder zu machen. Ich meinerseits beschwor ihn, nicht aufzugeben, ermutigte, lobte und feuerte ihn an, als er drohte, nach drei Stühlen aufzugeben. Ich machte ihm deutlich, dass drei aufgearbeitete Stühle die Schäbigkeit der restlichen Möbel erst so richtig ans Licht brächten und für mein ästhetisches Empfinden wahrlich eine Zumutung seien. Da man im Zusammenleben mit einem Pastor immer gut daran tut, in eine Diskussion noch ein paar geistliche Argumente einzustreuen, meinte ich listig: »Wenn du im Himmel ankommst, wird der Herr dich sicher als Erstes auf diese grandiose Esszimmergarnitur ansprechen und deinen Fleiß loben.« Worauf mein Mann mit schmerzverzerrtem Gesicht seinen Rücken streckte und muffelte: »Diese blöden Stühle interessieren den Herrn wahrscheinlich überhaupt nicht.« Was er damit meinte, war ersichtlich: Diese Stühle sind für das Reich Gottes in keinster Weise relevant, und damit hat diese Arbeit auch überhaupt keinen Wert.

Wenn ich's mir recht überlege, ist das die geistliche Prägung, mit der ich aufgewachsen bin. Das »normale« Leben mit arbeiten, Urlaub machen, Hausarbeit verrichten, im Garten werkeln, dem Hobby nachgehen, Sport machen usw. ist ohne Bedeutung, es sei denn, diese Dinge eignen sich als Mittel zum Zweck, nämlich das Reich Gottes zu bauen. Aber in sich haben sie keinen Wert. In zunehmendem Maß finde ich diese Denkweise sehr lebensfeindlich. Denn mein Leben besteht aus diesen Alltäglichkeiten, und mit genau diesem Leben will ich Gott loben und ihm Freude machen. Benutze ich diese Alltäglichkeiten nur als Sprungbrett für Höheres, beispielsweise um Menschen zu missionieren, verachte ich den Wert meines Lebens als solches.

Stühle aufarbeiten und dabei Fleiß, Ausdauer und Genauigkeit erweisen, erfreut Gott und ist damit nicht »Nichts«, sondern in diesem Moment alles. Im Garten arbeiten und Pflanzen versorgen zaubert ein Lächeln auf Gottes Angesicht, weil sich da jemand um seine heiß geliebte Schöpfung kümmert. Dann ist diese Gartenarbeit nicht »Nichts«, sondern alles. Gott hat mir mein Leben geschenkt, damit ich es gestalte und lebe. Jeder noch so kleine Handgriff mit Hingabe und Dankbarkeit ausgeführt, erfreut sein Herz.

In dieser Woche will ich das Reich Gottes in meinem ganz alltäglichen Leben und in meinen alltäglichen Arbeiten finden. Ich will aufhören, das Reich Gottes im Besonderen zu suchen: in besonderen Veranstaltungen, in besonderen Gottesdiensten oder Konferenzen oder bei »besonderen« Menschen. Sie alle können eine Bereicherung für mein Leben sein, aber Jesus sagt mir zu, dass das Reich Gottes mittendrin ist. Mittendrin in meinem Leben, weil er selbst mitten unter uns und auch in mir lebt.
In dieser Woche werde ich das Reich Gottes finden: in einer zärtlichen Umarmung, weil ich darin die Arme von Jesus spüre. In einem wegweisenden Wort, weil Jesus mir darin Orientierung gibt. In einer Konfrontation, die ich durchhalte, weil Jesus mir den Rücken stärkt. In einer Arbeit, die ich durchziehe, weil Geduld und Ausdauer von Jesus kommen. In mir, weil Jesus in mir lebt!

Zum Thema **Mein Alltag** finde ich in der Bibel folgenden Text: 2. Mose 35,30 bis 36,2; Psalm 90,17; Sprüche 31,10-31; Prediger 8,15 und 9,7-10; Kolosser 3,17; 1. Timotheus 4,4-5; Jakobus 1,16-17.

50

Die große Freiheit

Die Überzeugung, die du selbst hast, sollst du vor Gott haben. Wohl dem, der sich nicht verurteilen braucht bei dem, was er für recht hält.

RÖMER 14,22

Viele wichtige Personen der Bibel finden zu ihrer eigenen Lebensaufgabe erst weit in der zweiten Lebenshälfte. Wir sagen, dass Gott die Zeit bis dahin brauchte, um sie vorzubereiten. Und meinen damit: In ihnen musste die Fähigkeit zu leiten, zu dienen, zu gehorchen oder auf Gott zu hören und auf ihn zu vertrauen reifen. Ich glaube aber auch, dass Gott sich diese späte Lebensphase einer Person aussucht, weil der Mensch zu diesem Zeitpunkt zu einer großen inneren Freiheit gelangt ist. Zumindest sollte es so sein. Die Freiheit, sich in voller Verantwortung selbst entscheiden zu können, auszusuchen und zu verwerfen. Die Freiheit, Gott zu folgen, so wie er führt, und damit den ganz eigenen Weg zu finden. Sich in der eigenen Beziehung zu Gott abzunabeln von dem, was andere in uns hineingedacht, hineingeglaubt und hineingelebt haben, und anzufangen, selbstständig zu denken, zu glauben und zu leben. Die Freiheit, zu sagen, was man fühlt und denkt, und nicht das, was man fühlen und denken *sollte.* Und damit die Freiheit, vor Gott und Menschen authentischer zu sein und einen unmittelbareren Zugang zu ihnen zu haben. Die Freiheit, zu dem zu stehen, wer und was man ist, was man für das eigene

Leben braucht, und die Freiheit, diese Dinge selbstverantwortlich und angemessen durchzusetzen. Die Freiheit, in dieser Klarheit auch vor Gott zu treten und vor ihm das eigene »Ich will« zu formulieren. Denn nur wer »Ich« und »Ich will« sagen kann, kann auch »Dein Wille geschehe« sagen. Ich kann nur etwas loslassen, was ich vorher hatte. Die Freiheit, etwas zu riskieren, neue und unbekannte Wege zu gehen, weil man sich mehr und mehr der eigenen Endlichkeit bewusst ist und zutiefst weiß: Wenn nicht jetzt, wann dann? Die Freiheit, störende Fesseln innerlich und äußerlich abzustreifen, weil immer mehr klar wird, worauf es eigentlich ankommt und was im Leben wirklich zählt.

In dieser Woche will ich der wachsenden Freiheit in mir Raum und Nahrung geben. Vielleicht spüre ich an manchen Stellen einen zunehmenden Unwillen, mich weiterhin in vorgegebene Denk- und Verhaltensmuster zu fügen, immer die gleichen Arbeiten zu verrichten und den Erwartungen anderer Menschen zu genügen. Mit der Erwartung, dass bei Gott viel Raum und viel Freiheit ist, will ich mir in dieser Woche die Zeit nehmen, ein »Ich will« und »Ich will nicht« zu formulieren. Mit dieser Klarheit will ich mich in die Gegenwart Gottes begeben und hören, was er zu mir und meinem Leben zu sagen hat. Möglicherweise ermutigt er mich, Fesseln abzustreifen, neue Wege zu gehen und Altes hinter mir zu lassen. Mein »Ich will« verbindet sich mit seinem »Ich will« und wird zu einer starken Triebkraft, die mein Leben tief greifend und dauerhaft verändert. Vielleicht spüre ich bei ihm aber auch, dass mein Wollen und mein Aufbegehren mich nicht in eine gute und gesunde Freiheit führen, sodass ich Korrektur und Begrenzung brauche. Eventuell ist die Zeit auch einfach noch nicht reif. Dann werde ich nicht mit dem Fuß aufstampfen und nicht die Faust in der Tasche machen. Son-

dern ich werde versuchen JA zu sagen in dem Wissen, dass das Loslassen eigener Wünsche vielleicht mein ganz persönlicher Weg in die große Freiheit ist.

Zum Thema **Die große Freiheit** finde ich in der Bibel folgende Texte: Lukas 2,41-52; Johannes 8,31-36; Römer 8,12-17; 1. Korinther 7,17-24; Galater 5,1.13-18; Philipper 4,11b-13; 1. Petrus 2,16.

51

Von Gott versorgt

In seiner Macht kann Gott alle Gaben über euch ausschütten, sodass euch allezeit in allem alles Nötige ausreichend zur Verfügung steht und ihr noch genug habt, um allen Gutes zu tun.

2. KORINTHER 9,8

Ich kenne Zeiten in meinem Leben, in denen ich das Empfinden habe, ständig zu kurz zu kommen. Zeiten, in denen scheinbar jeder etwas von mir will, jeder seine Wünsche, Erwartungen und Forderungen an mich richtet und sich bei mir permanent »bedient«. Wenn Sätze beginnen mit: »Mama, ich brauche …«, oder: »Mama, kannst du mal …«, würde ich mir am liebsten die Ohren zuhalten und laut schreiend wegrennen. Aber diese Forderungen sind wenigstens noch konkret ausgesprochen, sodass ich gegebenenfalls auch mit einem konkreten: »Nein, will ich/mach ich nicht«, antworten kann.

Schlimmer dagegen sind all die subtilen Erwartungen und die nicht ausgesprochenen und dennoch spürbaren Forderungen. Erwartungen, die sich an unsere Rolle als Frau, als Mutter, als Tochter, als Freundin, Christin, Arbeitnehmerin, Mitarbeiterin in der Gemeinde usw. richten. Subtile Erwartungen, die nicht nur andere an uns haben, sondern die häufig auch in uns selbst aufgrund unserer Prägung und unseres eigenen hohen Anspruchs stecken. Geben wir diesen Ansprüchen immer nach, vernachlässigen wir uns selbst mehr

und mehr und bluten irgendwann aus. Dann werden wir bitter und wütend auf all die Menschen um uns herum, die uns nur benutzen, um ihre Bedürfnisse zu befriedigen. Am liebsten würde ich dann die Tür zuknallen und von außen ein Schild dranhängen mit der Aufschrift: »Vorübergehend geschlossen. Und damit ihr's wisst: Das hier ist sowieso kein Selbstbedienungsladen!!!«
In solchen Zeiten brauche ich dringend jemanden, der sich um *mich* kümmert, der *mich* versorgt, der *mich* in den Arm nimmt und der um *mein* Wohlergehen besorgt ist. Gott möchte dieser Jemand sein. Lasse ich es zu, dass er mich umsorgt?

In dieser Woche möchte ich Jesus meine Leere und meine Bedürftigkeit hinhalten. Vielleicht fehlt es mir ganz konkret an materiellen Dingen, die ich benötige, um mich in meinem Leben wohlzufühlen. Vielleicht fühle ich mich emotional unterversorgt, vermisse Wärme, Nähe, Zuwendung und Zärtlichkeit. Möglicherweise haben andere Menschen mich und meine Kraft so ausgebeutet, dass ich wie ein solches Land nichts mehr hervorbringe, was mich oder andere noch nähren könnte. Vielleicht fühle ich mich in meinem Geist und Intellekt nur mangelhaft versorgt, weil ich einer Tätigkeit nachgehe, bei der meine geistigen Fähigkeiten verkümmern. Vielleicht ist die Entfaltung meiner Kreativität nicht möglich, und ich verspüre an dieser Stelle einen großen Mangel. Vielleicht wollen ständig irgendwelche Menschen etwas von mir, und ich drohe unter diesem permanenten Druck zusammenzubrechen.
In dieser Woche will ich neu zulassen, dass Gott mein Versorger sein möchte. Er tritt nicht als der Fordernde an mich heran, er missbraucht und benutzt mich nicht, sondern will mich beschenken und meinen leeren Tank wieder auffüllen. Er nimmt mich in den Arm, fragt nach meinem Wohlergehen und bittet mich, ihm

mein Herz auszuschütten. Er will mir Wege zeigen, wie die Bereiche, in denen ich mich unterversorgt fühle, wieder gesättigt werden können.
Ich weiß, dass das Wirken Gottes selten einfach so vom Himmel fällt, sondern mit meinem Handeln und Verhalten zusammenwirkt. Deswegen werde ich in dieser Woche auch gut auf mich achten, gut zu mir selbst sein und mich verantwortlich darum kümmern, dass in meinem Leben die Dinge vorhanden sind, die ich zu meinem Wohlbefinden brauche.

Zum Thema **Von Gott versorgt** finde ich in der Bibel folgende Texte: 1. Mose 21,9-21; Psalm 23; Psalm 121; Jesaja 40,28-31; Hesekiel 16,4-14; Matthäus 6,26-30; Philipper 4,19-20.

52

Mein Credo

Doch ich, ich weiß: Mein Erlöser lebt, als Letzter erhebt er sich über den Staub. Ohne meine Haut, die so zerfetzte, und ohne mein Fleisch werde ich Gott schauen. Ihn selber werde ich dann für mich schauen; meine Augen werden ihn sehen, nicht mehr fremd. Danach sehnt sich mein Herz in meiner Brust.

HIOB 19,25-27

Dieser Bibelvers ist mein ganz persönliches Credo. In den dunkelsten Zeiten meines Lebens habe ich diese Worte mit einem trotzigen Fußaufstampfen bekannt, habe diesen Vers nachts in mein Kissen geweint, habe ihn geflüstert, gesungen und dem Feind entgegengeschleudert. Stur, beharrlich und immer, immer wieder. Ihr könnt sagen, was ihr wollt, die Umstände können noch so drückend sein, aber ich, ich *weiß* es einfach, dass mein Erlöser lebt. Und ihr werdet's sehen: Wenn wir alle nur noch am Boden liegen, wenn nichts mehr geht, die Hoffnung stirbt und nur noch Dunkelheit herrscht, wenn alle aufgegeben haben und nirgendwo ein Ausweg in Sicht ist – dann, ganz zuletzt wird sich einer erheben, sich den Staub von den Knien klopfen und sagen: »So, Leute, das hätten wir geschafft. Endgültig.« Wir werden vorsichtig und ungläubig unseren Kopf heben, um zu sehen, wer da mit uns spricht. Und werden ihn sehen. Groß, stark, souverän und … mit einem fröhlichen Lachen im Gesicht. In diesem Moment werden wir uns wundern, dass wir jemals zweifeln konnten, wir werden lachen über unsere Ängste und Sorgen und uns fragen, wie wir jemals glauben konnten, dass er *nicht* siegt. Alles Kaputte, Zerstörte, alles Kranke und Begrenzte wird mit einem Schlag von uns abfallen, und wir werden zu ihm hinlaufen, von dem wir schon immer wussten, dass er da ist!

In dieser Woche mache ich es mir zur Aufgabe, mein ganz persönliches Credo zu finden. Das kann ein bereits vorhandener Bibeltext sein, könnte aber auch ein selbst formuliertes Bekenntnis sein. Ich werde mir diesen Text aufschreiben, mir irgendwo hinhängen oder hinlegen und so verinnerlichen, dass er wie von selbst da ist, wenn ich ihn brauche. Von diesem Bekenntnis werde ich nicht ablassen, auch wenn es um mich herum turbulent wird, ich durch Tiefen gehe oder mir der Boden unter den Füßen weggezogen wird. Dieses Bekenntnis ist mein Versprechen an Gott, mein Treuegelöbnis, mein Liebesbrief an ihn und meine Zugehörigkeitserklärung vor der sichtbaren und der unsichtbaren Welt. Dieses Bekenntnis werde ich auch dann sprechen, wenn ich nichts von dem fühle, was ich da sage, und wenn ich an Gott schuldig geworden bin. Ich werde mir dieses Bekenntnis nicht entreißen lassen. In dieser Woche werde ich schreiben: Doch ich, ich weiß, dass mein Erlöser lebt!

Zum Thema **Mein Credo** finde ich in der Bibel folgende Texte: Jesaja 9,1-6; Jesaja 26,13; Römer 14,8; Römer 8,38; Galater 2,19-20; 1. Johannes 3,2; Offenbarung 21,3-4.

Stichwortverzeichnis

LESEPROBE aus
Matt Woodley »Näher als je zuvor«

Der Tag, an dem Gott sein eigenes Gebet nicht erhörte

Ich fuhr meine Tochter gerade von Long Island, New York, nach Wheaton in Illinois, als unser Auto plötzlich auf der Schnellstraße den Geist aufgab. Es war erst halb acht Uhr morgens, unsere Handys funktionierten nicht, und so sprach ich leise ein kurzes Gebet. *Zufällig* standen wir kurz vor einer Ausfahrt, und so fuhren wir in Blakeslee, im Bundesstaat Pennsylvania, ab. Wir rollten im Leerlauf einen Berg hinab, bevor unser Auto *zufällig* vor einer Polizeistation zum Stehen kam. Der Polizist in der Zentrale sagte: »Mann, haben Sie Glück! Jimmy vom Abschleppdienst rief *zufällig* eben an und sagte, er sei um die Ecke.« Jimmy war innerhalb von drei Minuten da, schleppte uns bis zu seiner Werkstatt und setzte uns sogar vor einem Frühstückscafé ab (das *zufällig* das einzige in Blakeslee war). Jimmy erhielt *zufällig* eine Absage von einem anderen Kunden, und so konnte er sich direkt unserem Auto widmen. *Zufällig* war nur ein Kabel an der Batterie locker, weshalb wir innerhalb einer Stunde wieder auf der Schnellstraße waren. Wir dankten Gott für die Macht des Gebets. Es war so leicht und einfach gewesen, wie eine heiße Scheibe Toast mit Butter zu bestreichen.

Vergleichen Sie diese Geschichte mit der nächsten: Meine Freundin Susan kämpfte mit Depressionen. Allein und verwirrt lief sie an einem der Strände von Long Island herum und schüttete Gott ihr Herz aus: »Gott, bitte gib mir ein Zeichen, dass du wirklich da bist – nur ein einziges!« Während sie betete, begann eine einsame Möwe über ihrem Kopf zu kreisen. »Könnte dies das Zeichen deiner Güte sein, Herr?«, fragte sie sich. Sie beobachtete die Möwe, wie sie in der Luft kreiste, als diese plötzlich einen Klacks grauer, schleimiger Möwenkacke absonderte, der Susan mitten auf den Kopf fiel. Touché! Und es fühlte sich an, als sagte Gott zu ihr: »Hier hast du deine Antwort: *Platsch!*«

Das Problem erkennen

Das Verwirrende dieser beiden Szenen liegt offen auf der Hand. Wieso beantwortet Gott manche Gebete auf schnelle, saubere und manchmal sogar wundersame Art und Weise, während gleichzeitig andere Gebete – Gebete, die aufrichtig und ernsthaft sind, die Gott ehren und von Glauben erfüllt sind – von der Zimmerdecke abzuprallen scheinen? Als Pastor und Christ habe ich mit der Realität des zweiten Szenarios immer wieder gekämpft. Wir beten, wir schreien es heraus, wir vertrauen Jesus bezüglich großer und guter Dinge, die Gott ehren, wir beten inbrünstig und mutig und dann – nix, null, Stille! Oder aber die Umstände verschlechtern sich sogar noch. Mancher betet um Heilung, und der geliebte Mensch stirbt dennoch. Andere beten darum, dass ihre Ehe gerettet wird, doch die Scheidungspapiere kommen trotzdem. Viele meiner Freunde bitten Gott darum, ihnen ihre Versuchungen wegzunehmen – unmoralische Gelüste, Alkoholsucht oder chronische Wut und Bitterkeit – doch die Verlockungen der Sünde werden sogar stärker. Über viele Jahre hinweg habe ich beobachtet, dass wir nicht gerne über dieses Problem sprechen. Ich höre selten, dass Leute in ihrem Bibelkreis zusammenkommen und jemand sagt: »Hey, ich möchte gerne eine weitere Geschichte eines unbeantworteten Gebets mit euch teilen!« Und dabei scheint es doch so zu sein, dass jeder ein, zwei oder sogar einen ganzen Sack voller unbeantworteter Gebete mit sich herumschleppt.

Zu all dem gesellt sich der Eindruck, dass die Bibel diese Spannung verstärkt. Jesus selbst machte einige erstaunliche Aussagen bezüglich der Beantwortung von Gebeten: »Wenn ihr Gott um irgendetwas bittet, müsst ihr nur darauf vertrauen, dass er eure Bitten schon erfüllt hat, dann wird er sie auch erfüllen« (Markus 11,24). Und er sagte auch: »Was ihr also in meinem Namen erbitten werdet, das werde ich tun« (Johannes 14,14). Das Versprechen scheint klar: Bitte, und du wirst bekommen, um was du gebeten hast.

Wie ich bereits im vorangegangenen Kapitel erwähnt habe, sollen wir voller Erwartung zu Gott kommen und mutig beten, voller Freiheit und Zuversicht (Epheser 3,12). Wir sollen Gott um Großes bitten (Jeremia 33,3). Was aber, wenn wir zu Gott kommen, mutig und voller Erwartung bitten und keine Antwort erhalten – oder zumindest nicht die, die wir erwartet hatten?

Was mich erstaunt, ist die Tatsache, dass die Bibel sich eingehend und mit großer Offenheit mit dem unangenehmen Problem unbeantworteter Gebete befasst, statt es zu umgehen. Sie gibt sogar konkrete Beispiele für diese schmerzhafte Realität. Ich bin noch niemandem begegnet, der eine verständliche und allgemeingültige Theorie anbieten konnte, die jeden Aspekt des unbeantworteten Gebets beleuchtet. Andererseits kann ich mir zumindest einige der unbeantworteten Gebete näher anschauen, die ich auf den Seiten des Wortes Gottes selbst finde. Ich hoffe, dass Sie, nachdem Sie diese Fallstudien betrachtet haben, Ihre eigenen Schlüsse ziehen und Ihre eigene Theorie bezüglich des Mysteriums Gottes und des Geheimnisses des Gebets entwickeln.